切ない歌がききたい

川井龍介
Kawai Ryusuke

旬報社

切ない歌がききたい

川井龍介

はじめに──切なさという複雑な感情

いい歌はたいてい切ない。あるときふとそう気づきました。そこで、自分が思う「切ない歌」をあれこれ集めてみました。それと同時に「あなたにとって切ない歌とはなんですか」と、機会のあるたびにさまざまな世代の友人、知人にきいてみました。話が酒の席でのこととなると、曲と歌手の名前もいろいろ出てきて、けっこう場が盛りあがったものです。

もし、本格的に「あなたにとって切ない歌は？」とアンケートをとってみれば、それこそあがってくる曲は、ポップス、フォーク、演歌、ジャズ、ソウル、ボサノヴァ、シャンソン、カントリー、レゲエ、タンゴ、民謡やワールドミュージック、そして唱歌や童謡と、ほとんどすべてのジャンルにわたり、また、ピアノやギターなど楽器が奏でるクラシックやジャズをはじめとするインストゥルメンタルをあげる人もいて、答えはまさに百人百様でしょう。

私自身、思いつくままに切ない歌をジャンルを問わずあげてみると一〇〇曲くらいは出てきました。これに知人、友人からあげてもらった曲を並べたうえで、あらためて「切ない歌（曲）」といわれるものについて、「いったいどんなところが切ないのだろうか」あるいは「なぜ、切なく感じるのか」を考えてみました。

たとえば、「兎《うさぎ》追いしかの山」で始まる『故郷《ふるさと》』を聴いて切なくなるのは、なんらかの「望郷」の気持ちに駆り立てられるからでしょう。また、荒井由実（ユーミン）の『卒業写真』は、過ぎ去った青春を慈しむという気持ちが、切なさにつながってきます。いきものがかりの『ＳＡＫＵＲＡ』という歌は、思い出を振り返る「時の流れ」への感傷をうまくとらえています。『涙そうそう』（作詞森山良子、作曲ＢＥＧＩＮ）は、会いたい人への喪失感が切ない気持ちにさせます。

こうした切なさの理由・核心（エッセンス）をひと言で表わしてみると「望郷」「別れ」「青春」「旅情」「時の流れ」「思慕」「喪失」「後悔」「健気《けなげ》さ」「卒業」「旅立ち」など実に多様です。

「切ない」という意味は、手元の辞書によれば、「（寂しさ、悲しさ、恋しさなどで）胸がしめつけられるような気持ち。つらくやるせない。」（『大辞林』）と定義されています。また、『語源辞典　形容詞編』（吉田金彦編、東京堂出版）によれば、切ないは「文語セツナシ」の口語であり、その「語源」についてはこうあります。

「重要な区切り、一心になる時を表すセチ（切）に、カタジケナシ（忝）・カタクナシ

（頑）などのナシ（甚）が付いたのが語源。情意の最頂感セッツナルさまをいう。悲しみなどで胸がしめられるさまのセツ（切）は、「切に願う」「切に祈る」のように、切実なさまの意で多用されたが、悲しい、苦しいの意味に変化して現在に至っている。」

つまり、もとをたどってみても、「切ない」は、ある種の感情の極まりだということがわかります。しかし、その原因・理由は単純ではありません。「さびしいけれど、旅立たなきゃいけない」、「できることならあの日に帰りたい」あるいは「もう会えないのにまたねといってしまう」など、複雑な事情に絡む複雑な心情という、〝一筋縄ではいかない〟気持ちが「切なさ」です。

この本では、こうした気持ちに駆り立てる六二曲を集めてみました。これらは、半世紀以上になる私の音楽人生のなかで、好みの音楽として自然とファイルされたなかから「切ない」をキーワードに選んだものに、音楽好きの友人・知人の意見を反映させた結果です。年代も、ジャンルもさまざまですが、私がもっとも影響を受けた一九七〇年代の音楽が目立っているかもしれません。

音楽の話は、あれこれ書いてもその音楽を聴いたことがない人には、ピンとこないのはもちろんです。知らない曲については、やはりCDなどで聴いていただくのが一番です。この点、幸いいまはインターネット、特にYouTube（ユーチューブ）によってたいていの曲は音源にたどり着くことができます。

曲を聴きながら、あるいは読む前後に聴いて楽しんでもらえるようにとも思い、大人向けの深夜ラジオのナビゲーションのようなつもりで書いてみました。ＤＪの言葉でも聞くつもりで読んで、切ない歌と切なさについて思いをめぐらし、「自分にとっての切ない歌とは」と考えてもらえれば、筆者としてはうれしい限りです。

切ない歌がききたい　目次

日本の歌

海外の歌

日本の歌

1　きれいになった君がいま故郷に帰る

なごり雪

伊勢正三

三陸海岸が大震災に見舞われるより三〇年以上前の三月中ごろのことです。旅の途中、岩手県の国鉄宮古線（当時）の宮古駅には、そろそろ発車しそうな列車がとまるホームに、若い男女が数人立っていました。

なにか言葉を交わしたあと、女性がひとり乗り込みます。あたりは雪が風のなかでぱらついていました。春になって新しい生活をはじめるため、彼女は田舎をあとにして、友だちに見送られるところだったのか。そんな想像をめぐらしながら、私は別の列車の窓から彼らを見ていました。『なごり雪』という歌がつくられてからしばらくしてのことでした。

〈別れの春、季節外れの雪がホームに降る。時の流れのなかで、いつのまにか大人になってきれいになった君がいま故郷へ帰ってゆく。辛い別れだが見送るしかない。〉

繊細な歌詞と抒情的なメロディーでいくつもの切ない歌を世に送り出してきたシンガーソングライター、伊勢正三が作詞・作曲をてがけた『なごり雪』。一九七四年の作品です。

正《しょう》やんと呼ばれた彼は、当時「南こうせつとかぐや姫」のメンバーとしてこの歌を作ります。

〝四畳半フォーク〟ともいわれた『神田川』の大ヒットのあと、次のアルバムづくりに際して、リーダーの南こうせつから曲作りを勧められた正やんは、苦心の末二曲を仕上げました。最初にできたのが『なごり雪』でもう一曲が『22才の別れ』でした。

二〇〇五年に私は連載していた音楽コラムの取材で正やんにインタビューをする機会がありました。そこで『なごり雪』ができる背景に話がおよんだ時、彼がいうには、サビの「♪いま春が来て　君は、きれいになった」というフレーズが、メロディーとともにまさに天から降ってきたそうです。「これはなんだ、これはいいぞって思った」とも、別のところで語っています。

歌の背景には、それまでに彼が歩んできた人生や周囲の状況がありました。大分県の海沿いのまち、津久見市から出て来た彼と同じように、九州の仲間が東京に出て来て、やがて卒業を迎えたり、会社勤めになじめなくなったりして故郷に帰っていくという話がよくあったそうです。

東京を離れる「君」が見る季節外れのこの雪は、東京で「君」が見る最後の雪になるかもしれないから『なごり雪』なのでしょう。意味深長な言葉です。季節外れの春の雪と、その雪が、名残り惜しい気持ちをかき立てる、という二つの意味が重なっているようです。

辞書には「なごり」という言葉に関連して「なごり雪」という言葉はなく、「名残りの雪」という言葉があります。「春に入ってから降る雪」「春になっても消え残っている雪」(『大辞林』)のことです。

同じく「なごり」に関連しては「別れを惜しんで交わす杯」という意味で「名残りの杯」という言

葉がありますが、これは名残惜しさを連想させます。

この歌はすぐに女性シンガーソングライターのイルカがカヴァーして大ヒットさせたことで、のちにイルカの持ち歌として思い出されます。しかし、あらためてかぐや姫の時代の正やんの「なごり雪」を聴くと、繊細でやさしい声が醸し出す世界に惹かれます。

本来男の視点からつくられた切ない青春の別れの詞が心に残ります。とくに最後に「きれいなった……」と、余韻を残した終わり方には、ただ見守るしかないといった気持ちが表われています。この部分を和音（コード）の展開についてみると、クラシック音楽でいう偽終始という〝不完全な〟終わり方となります。が、それは言い換えれば、落ち着く展開（別の和音）で終わればすっきりするのにそうしない、情緒的に言えば「心残りのある」終わり方です。この点は奇しくも「なごり雪」というタイトルに、そしてテーマに合致してきます。

伊勢正三という人は、切ない歌をつくらせたら、日本のポップス界では有数の存在ではないでしょうか。彼の歌にはいつも哀しく切ない物語性があります。たとえば『あの唄はもう唄わないのですか』では、リサイタルを開くまでになったかつての恋人のことを偲ぶ女性の気持ちがつづられています。

ギターを弾いて歌う恋人がまだ売れないときのこと。自分のためにつくってくれたと信じていたあの歌。私にとっては思い出の歌なのに、あなたにはもう関係ないのでしょうかと、過去への哀惜がこめられます。
また、物語性と同時に情景描写が繊細で巧みです。澄んだ美しい声で知られる山本潤子とのデュエットによる『青い夏』（一九九九年）では、もうすぐ故郷の町を去っていく愛しい人と、静かな入り江を見下ろすミカンの花の咲く丘で、残り少ない時を過ごします。景色が目に浮かんでくるようです。そして、こういいます。

♪好きなのに　離れ離れを　ずっと恨んであげる

「恨んであげる」とは、すごい言葉です。複雑な心情を表わす伊勢正三ならではの言葉づかいではないでしょうか。

2　卒業写真　荒井由実

私は変わってしまったけれど

若かったころへ思いを馳せる。昔はよかったなとつぶやく。それだけならただのノスタルジーですが、自分はあの頃と比べてずいぶん変わってしまったなーというさびしさが混じると気持ちは複雑です。『卒業写真』はそんな心理を言葉にしています。

「切ない歌というと、どんな歌を思い出しますか」と、いろんな世代の人に尋ねていくなかで、世代を超えて何度かあがったのが、荒井由実が作詞作曲したこの歌でした。

♪　悲しいことがあると　開く皮の表紙……

この歌が年配の人から若い人までよく知られているのは、卒業のシーズンになるとよく歌われることもあるのでしょう。「みんなで一緒によく歌いました」と、十代のころを懐かしむ女性の声も聞きました。

ユーミンがまだ荒井由実だったころの一九七五年に発表した三枚目のアルバム「COBALT HOUR（コバルト・アワー）」のなかの一曲です。当時二一歳の彼女が、サビの部分で「♪人ごみに流されて　変わってゆく私を……」と、張り上げたときの鼻にかかった独特の声を思い出す往年のファンも多いでしょう。のちにユーミンが明かしているように、この曲に限らず意識して声にヴィブラートがかからないように訓練したそうです。私は彼女はもともとそういう歌い方なのかと思ってましたが、あえて揺らぎをなくすことでクールな感じを出していたわけです。

卒業シーズンによく歌われるといいましたが、歌詞をよくみればわかるように、これは卒業ソングではありません。卒業からある程度年月を経て、卒業アルバムのなかの写真を見て、生徒や学生だったころを振り返り思いにふけっています。

これとは別に、卒業のころをテーマにしたユーミンの歌に『最後の春休み』があります。あと少しで離ればなれになってしまうさびしさを、春休みの教室でひとりかみしめる佳曲です。

『卒業写真』の話に戻りましょう。落ち込んだ時、ふと取り出した卒業アルバムの写真を見る。そこに「あなた」を見つけて、あの頃を思い出す。自分はいつのまにか世慣れてしまいフレッシュさを失ってしまったけれど、写真のなかの「あなた」は変わらない。そんな「あなた」が心の支えに……。

この場合の「あなた」は好きだった人かもしれないし、友人かもしれない。若いころは時とともに自分も仲間もどんどん変わっていきます。卒業、就職、結婚と、短い期間で大きな変化の波を潜り抜けて行く間に、良くも悪くも世慣れていく。「人ごみに流されて」とは、そういうことです。

変化が激しい分、短い期間でも時の流れには敏感です。『あの日にかえりたい』をはじめ『LAUNDRY-

GATEの想い出』や『コバルト・アワー』のように、初期の作品にはちょっと前の過去へのノスタルジーをユーミンはよくテーマにしています。『ハルジョオン・ヒメジョオン』では、思い出に浸りながら「♪私だけが変わり　みんなそのまま」と繰り返します。

また、彼女がバンバンに提供した『「いちご白書」をもう一度』（一九七五年）では、アメリカの学園紛争のなかの青春を描いた映画「いちご白書」（一九七〇年公開）を観たころを振り返り、「♪就職が決まって　髪を切ってきた時　もう若くないさと……」といいます。

彼女の作品でブレッド&バターが歌った『あの頃のまま』（一九七九年）は、すっかり社会人になった友人である「きみ」と、自由な時間から卒業できない「ぼく」との対比が描かれます。どちらがいいということではなく「幸せの形にこだわらずに　人は自分を生きてゆくのだから」とクールにみているところがユニークです。

若いころ感じた少し前の過去へのノスタルジーは、月日とともに薄れはしますが、歳をとると、そのノスタルジーを感じたときへのノスタルジーへと形を変えて、いつまでも残るのでしょう。

『卒業写真』は、多くのアーティストにカヴァーされています。そのなかでA.S.A.P.というアメリカの女性コーラスグループによる英語のカヴァーは、全体に甘ったるい感じのラヴソング調になっています。同じく英語で、ジャズシンガーのケイコ・リーがカヴァーしていますが、こちらはハスキーな低音を響かせた声で、ぐっと大人のムードの回顧になっています。

3　花びらと香りの記憶が

さくら　ケツメイシ

さくら前線が日本列島を通過し、花が咲き散っていくころは、出会いや別れの季節でもあります。さくらは、毎年日本中で咲くわけですから、満開のさくらや散りゆく花びらを見ると、こうした思い出が蘇って来るのでしょう。さくらにまつわる歌がいくつもつくられる理由がわかります。

♪花びら舞い散る　記憶舞い戻る

ケツメイシの二〇〇五年のヒット曲『さくら』のなかで、何度も繰り返される印象的な歌詞です。さくらの散るころに二人は出会い、やがて別れる。だから、さくらの花が散るころになると、あの春の記憶が戻って来る。

散る花びら、という目に映る景色と同時に、「♪君が風に舞う髪かき分けた時の　淡い香り戻ってくる」と、記憶を呼び覚ますものとして、「香り」をかぶせています。

キーボードが奏でる、切ない感じのするイントロのあと、軽快でさわやかなサウンドとなってメロディーは走ります。そして一転してラップとなり、たたみかけるように小さな物語をつづる言葉がつづきます。これと同時に、「花びら舞い散る　記憶舞い戻る」と、コーラスが重なります。そして、ふたたび最初のメロディーに。軽やかだが、どこか哀愁を帯びて余韻が残ります。思いを前面に出して大声で訴えるような歌より、はるかに切なく響きます。

ヒップホップとレゲエをベースに、多様なサウンドを組み立てる四人組のケツメイシは、二〇〇一年にメジャーデビューします。『さくら』は、彼らの作品のなかで初のシングルチャート一位となり、この曲の入るアルバム「ケツノポリス４」のヒットとともにケツメイシを世に広く知らしめました。ラップやヒップホップというと、年配の音楽ファンなどから遠ざけられる傾向はありますが、ケツメイシの作品では、メロディーラインをじっくり追うと、清々しさと切なさが残る曲がいくつもあるのがわかります。これがファン層を広げている理由でしょう。

この『さくら』より二年前の二〇〇三年に登場したのが、おなじ「さくら」でも、森山直太朗が歌う『さくら』です。「さらば友よ」「泣くな友よ」と、ここでは惜別の情を示し再会を願っています。一方、ケツメイシの『さくら』の翌年出たのが、一九八〇年代前半生まれの男女三人のグループ、いきものがかりの『ＳＡＫＵＲＡ』です。ヴォーカルの吉岡聖恵によるスローな歌いだしから切ない空気が漂い、しっとりとした情緒が広がります。歌詞を追って見えてくるのは、さくらを通して別れた誰かと過去への追憶です。

歌詞にでてくるさくらは、メンバーの出身地の近くを流れる相模川の土手に並ぶさくらでしょう。これが今も昔も鉄橋を渡る小田急線から見えるのかどうか。というのも、川沿いに圏央道という高速道路ができて、景色も昔とはすっかり変わってしまい、かつての風情はなくなってしまいました。

それでも、さくらが咲いていたあの頃の光景は、当時を知る人には忘れられることなく残っているのでしょう。

4　若かった時を返して……

十九の春

朝崎郁恵

あなたは、十九歳の春にどんな思い出がありますか。十九歳の春に戻りたいと思いますか。大人（二十歳）になる前の春に。

♪わたしがあなたに惚れたのは　ちょうど十九の春でした
　いまさら離縁というならば　もとの十九にしておくれ

『十九の春』という歌は、こうはじまります。みかたによっては恐ろしい恨み節のようにも聞こえますが、「もとの十九にしておくれ」と、無理を承知でいっているところがなんとも切ない。失った時間を返してほしい。若いころの自分に戻してほしい。無理だとわかっていても、そういわざるを得ない。

ほかにもこんな歌詞があります。

♪みすて心があるならば　早くお知らせくださいね

最初にこの歌がレコーディングされたのは沖縄が本土に返還された一九七二年で、沖縄中部のコザ市（現在の沖縄市）にある、屋根を打つ雨音が響くような建物のなかでした。『芭蕉布』などの作者として知られる沖縄を代表する音楽家、普久原恒勇が経営するマルフクレコードで、与那国島出身の新人、本竹裕助が津波洋子とのデュエットで歌いました。

その三年後、演歌の大御所、バタヤンこと田端義夫は沖縄でコンサートをしたとき、舞台の袖で女の子たちが声をあわせているこのメロディーを耳にしました。「なんともいえない切ない歌だ」と感動し、さっそくカヴァーし世に出したところ、大ヒットとなり全国的に知られるようになりました。一九七五年のことです。

田端もまた三線の音をバックに沖縄のムードを漂わせます。一方、この歌は沖縄でも代表的な民謡歌手、嘉手苅林昌や大城美佐子などによって早くから取り上げられます。こうしたことから『十九の春』は、沖縄民謡、あるいは沖縄俗謡などと紹介されることがほとんどでした。しかし、実際のところ作詞者も作曲者も不明で、いつ頃から歌われたのかも不明です。どうやら太平洋戦争前であることは確かなようですが、そのルーツにもいろいろな説がありミステリアスです。

沖縄本島をはじめ、八重山諸島の西表島、石垣島でも類似した歌がありました。奄美諸島の南端、与論島ではメロディーは同じで、歌詞が異なる『与論小唄』という歌で親しまれてきました。

また、奄美大島に隣接する加計呂麻島では、戦時中の一九四三（昭和一八）年に『嘉義《かぎ》丸のうた』というタイトルで、非常によく似たメロディーの歌がつくられました。アメリカの潜水艦などによって撃沈された二千数百隻という日本の貨客船のひとつ、嘉義丸に乗っていて犠牲となった幼い命への鎮魂の歌としてです。作者は、当時島で鍼灸師をしていた朝崎辰恕で、この人の長女が、奄美の唄者として有名な朝崎郁恵です。

縁というのか、それから何十年もたって彼女は、『十九の春』を歌うようになります。二〇〇四年にリリースされた「沖縄ソングス〜わしたうた〜」という沖縄の歌を集めたコンピレーションアルバムのなかの一曲として組み込まれた『十九の春』は、ピアノをバックにした斬新なアレンジで、朝崎の歌も、しんみりときかせるいままでにないものとなりました。

アレンジとピアノを担当した黒木千波留は、詞を吟味したとき、「これは切ない歌だ」と強く感じ、その気持ちをアレンジに生かしたといいます。歌謡曲的な匂いはなくなり、ピアノをバックに揺らぎのある朝崎の声が響きます。

遠く離れたものへ呼びかけるような歌声には、いとおしいものを取り戻せない喪失感が漂います。ブラジル音楽でいう「サウダージ」という情感に似ています。

5 都会で世慣れていく悲しさ

制服

吉田拓郎

毎年、街路樹の緑が膨らみ、シャツ一枚で過ごせるさわやかな季節になると、五月病という言葉がささやかれ、〝心の風邪〟が流行るようです。

ゴールデンウィークが終わるころ、春から新生活をはじめた社会人や学生のなかには、新しい環境にうまく適応できなかったり頑張りすぎて疲れてしまったりという人がいるのでしょう。

働くこと（お金を稼ぐこと）の大変さと、その一方で使うことの容易さを痛感するのもこのころです。都会の生活はお金がかかるし、加えて、近ごろは金が足りなければ「簡単に貸してあげますよ」とばかりに、いたるところに借金の誘惑が待っています。

借りるに容易く返すには大変だということは、あとでわかることです。が、そうなっても今度は返済に困る者を顧客にした法律相談の商売もあるわけですから、都会とはなんとも恐ろしいところです。

『制服』という歌がありました。岡本おさみが作詞し、吉田拓郎が作曲し歌い一九七三年に世にでました。このころは、まだ「集団就職」という仕組みが残っていました。

これよりさらに一〇年以上前のこと、東京オリンピック（一九六四年）に向けて好景気が続くころ、都会の労働力不足を補うために中学、高校を卒業したばかりの若者が、田舎からまとまって一斉に東京などにやってくる集団就職がはじまりました。

岡本おさみの詞は、田舎から出て来たばかりで東京駅の地下道を行く制服の一群を見つめます。旅行会社のツアーのように「〇〇社」という旗を持った男に引率された、制服を着た娘たちの姿を、まるでビデオカメラで追うようにとらえます。

そのつぎに彼女たちの故郷や家庭に想像をめぐらし、そして、これから都会で生きていくことの真実や辛さを、心配するように見守ります。

♪使うのに容易く稼ぐのに辛い　そんな給料の苦さも知ってしまうんだろうね

もっとも印象的なのは、「会社員と出世」の関係に触れたサビの一節です。拓郎がもちまえの吐き出すようなかすれ声で絶叫します。

♪駆け引きのうまい男ばかり出世して　きれいな腹の男はもう拗《す》ねてしまってる

こんな社会の一面も将来目にするようになるといいます。

ブルースハープとざっくりとかきならすギターが奏でるスローなイントロからはじまり、出会った娘たちの様子を語りかけるようにして、拓郎はしみじみと六分近い曲を歌います。低く入り、最後に高まる。これから都会の荒波に揉まれるだろう航海の様子がひしひしと伝わってきます。

岡本と拓郎のコンビは、『旅の宿』『落陽』など多くのフォークの名曲、ヒット曲を生みだしました。『制服』が収録されたアルバム「伽草子」では、半数以上の曲がこのコンビの手によるものです。また、森進一が歌い、一九七四年に日本レコード大賞を受賞した『襟裳岬』もそうです。

二〇一五年一一月に七三歳で岡本は亡くなりますが、二〇〇三年には彼の作品を、アコースティック・ギタリスト吉川忠英がアレンジ、プロデュースした「岡本おさみ アコースティックパーティー with 吉川忠英」がリリースされました。

いまはもちろん集団就職はないし、田舎にいても都会の様子を知ることができます。それでも、非正規雇用に不安を覚え、労働基準法を無視したブラック企業でこき使われている若者は少なくないはずです。『制服』を聴くと、そんな働く若者の姿が浮かんできます。

6 さよならと北へ帰る

津軽海峡・冬景色

石川さゆり

北海道新幹線が、二〇一六年三月に函館まで開通して、北海道と本州がまたぐんと近づきました。青函連絡船での行き来の時代を知る人にとっては隔世の感があるでしょう。

一九一一年室蘭生まれの芥川賞作家、八木義徳はこういいました。「少年の日の私にとって、津軽海峡は単に地図の上に描かれた海峡ではなく、それは〝内地〟から遠く切り離されているという疎外感を味わわせる海峡であり、同時に、その〝内地〟にある東京という大都会への憧憬を誘う海峡でもあった。」

北海道出身で演歌の大御所、北島三郎もしみじみ語るように、かつて北海道と本州とは実際の距離以上に遠く、間を流れる津軽海峡の存在は大きなものでした。出ていく人、帰ってくる人、海峡を挟んで、行き交う人の心にはいろいろな思いがあったはずです。だからなのか、津軽海峡は文学や歌の世界でよくとりあげられます。

「海は荒れていた」ではじまる水上勉の小説『飢餓海峡』（朝日新聞社、一九六三年）は、一九五四（昭和二九）年に起きた青函連絡船の転覆事故と北海道での大火という二つの事実をモデルにして、戦後間もない日本社会の貧しさと混乱のなかを生きる悲しい人間模様をミステリアスに描きました。罪を背負って海峡を越え、最後は再び海峡を越えて引き戻される男が主人公です。

歌の世界では、なんといっても『津軽海峡・冬景色』でしょう。作詞は阿久悠、作曲は三木たかし。昭和歌謡に名作を残してきた二人が組んだこの歌は、彼らの代表作のひとつです。いまや大スターとなった石川さゆりが、一九歳だった一九七七（昭和五二）年に歌いました。

青函トンネルが開通し、北海道までが鉄路で結ばれ連絡船が廃止されたのが一九八八年ですから、それより一一年前です。この年この歌で彼女は日本レコード大賞歌唱賞などを受賞しました。


船出を合図するようなサックスの音、つづいてオーボエが奏でるさびし気なメロディーのイントロが終わると、

「♪上野発の夜行列車おりた時から」と、物語がはじまり、そして歌の主人公は雪のなかを連絡船に乗っていく。

「♪アアアアー　津軽海峡〜」と、最後は誰にもまねのできない抑揚をともない、溢れる情感を歌い上げます。

作曲した三木たかしは、曲作りの背景についてこう語っています。

「私が一六、一七歳の時、札幌のジャズ喫茶に行った時の事ですが、上野から夜行列車に乗り、青森に着き船に乗る時ドラが鳴り、別れの音楽が流れ、そんな中を海を渡り、北の大地を踏みしめる、そんな状況を多感だった頃のイメージで作曲した歌です。」（三木たかしのアルバム「終恋」より）

もともと歌手志望だった三木たかしは、後年、自分でも『津軽海峡・冬景色』を歌っています。テレサ・テンに提供したこれも切ない歌『つぐない』をはじめ六曲が入っている、ギターの弾き語りアルバム「終恋」に収められています。

ガットギターのイントロではじまる三木たかしの津軽海峡は、スローに震えるような声で、わびしげに歌っています。

青森県には、「津軽海峡・冬景色」の歌謡碑が二つあります。一つは青森市の青森港のなかで、かつて連絡船として使われ、いまは博物館になっている八甲田丸の近くです。もう一つは、津軽半島の突端、龍飛崎の灯台のふもとです。二番の歌詞に「ごらんあれが竜飛岬《たっぴみさき》」と出てくる竜飛岬は、正しくは龍飛崎《たっぴさき》といいます。

二つの歌謡碑とも、歌が流れ出てくる仕掛けになっていて、ともに旅情を誘いますが龍飛崎で聴くと、海峡を前にして、最果ての地まで来たんだな、というなんとも言えない思いに駆られます。海峡というものが、八木の言うように物理的な隔たり以上の隔たりを暗示しているのがわかります。

7　懐かしさと痛みが交錯する

駅

竹内まりや

都会の駅で、足早に過ぎてゆく人の群れ。そのなかに、別れた人に似た面影を見てはっとする。冷静になって考えれば、別れたのはもうずいぶん昔のことだし、自分が見たのは、思い出のなかにある昔の人の面影だったのか……。

別れた人に偶然出会う、あるいはその姿を目にする、という設定の歌があります。「♪別れた人に会った　別れた渋谷で会った」と、歌ったのは、ロス・インディオス&シルヴィアの『別れても好きな人』という昭和のヒット曲です。やっぱり好きだというストレートな思いを告げています。

荒井由実の初期の作品『グッド・ラック・アンド・グッドバイ』も、別れた人との偶然の出会いからはじまります。意外にも想像していたほどの衝撃はなく、もう昔のことなんだと思えるけれど、少しだけ未練が残るという話です。

これより数年前、男女のデュオ、トワ・エ・モアによる『青春のあやまち』は、朝の電車のなかや町の人ごみで、ふと「あなた」に似た誰かの姿を追ってしまう。隠れた名曲ともいわれるこの歌には、いまになって別れてしまったことの後悔がにじみでています。ついでに言うと、この曲はグレン・キャンベルが大ヒットさせた『恋はフェニックス（By The Time I Get To Phoenix）』にメロディーがよく似ています。こちらは、恋人に黙って去ってゆく男の話です。

再会をモチーフにしたこれらの歌は、偶然の再会に「今でも好きだ」、「もう昔のこと」、「やっぱり後悔が残る」と、思いはいろいろですが、いずれも感情の方向性は定まっています。

これに対して、同じ再会でも、複雑な思いが交錯する切なさを歌い上げるのが、竹内まりやの『駅』です。黄昏の駅で、むかし愛した人のレインコート姿を目にしますが、自分に気づくことのない相手を見つめるときの気持ちが痛々しい言葉になっています。

♪懐かしさの一歩手前で　こみあげる苦い思い出に
　言葉がとても　見つからないわ

この曲は、作詞・作曲とも竹内まりや自身ですが、もともとは一九八六年に中森明菜のためにかいたものです。が、翌年自分で歌い、セルフカヴァー集としてのアルバム「REQUEST」のなかで発表し、話題を呼びました。

慶応大学在学中にデビューして以来、ビートルズやアメリカン・ポップスの影響を受けたメロディーラインと、得意の英語を交えた都会的な歌詞、そして明るく弾むような声で同世代や次世代に支持を得た彼女のイメージは、前向きでおしゃれなものでした。

のちに彼女の夫となり、また楽曲のプロデューサーともなる山下達郎をはじめ、杉真理や鈴木茂、加藤和彦、安井かずみ、大貫妙子、告井延隆など、当時の日本の最先端をゆくポップスを作り上げた人たちとかかわるなかで、洗練された明るい世界を築いていきます。初期の『SEPTEMBER』や『不思議なピーチパイ』はその象徴でしょう。悲しげな歌ですら、言葉は深刻ではなく、前に進むような曲調で、歌声にも暗さはありません。

それからすると『駅』は、最後まで陰のあるメランコリックな旋律で気持ちも沈んだままです。彼女がこれを歌ったとき、「おやっ」と感じたファンも多かったようです。

彼女自身、もともと自分が歌うことを前提としていなかったこともあり、当初はこの歌をカヴァーすることに難色を示していました。マイナーなメロディーで歌謡曲的なアプローチだからというのが理由です。しかし、アルバムのプロデュースをてがけた山下達郎の説得もあってレコーディングします。

すると、これまでのファン層以外にも支持され、ヒットにつながりました。

「『駅』のような、私にしては珍しいマイナー・メロディーの曲を好きと言って下さる人が多かったのはすごく意外だった[*]」と、のちに彼女は感想をもらしています。

中森明菜の『駅』が、情感を込めたいわゆる歌謡曲的な〝高い湿度〟に包まれているのに対して、竹内まりやの歌い方は、落ち着いた伸びやかな声を、わずかに詰まらせるくらいで淡々とし、かえって切なさを膨らませています。

この曲を歌ったとき彼女は三十代前半で、結婚し子供もいました。そうした大人の女性としての感覚が、同世代の女性の関心をひきました。またこのあと、彼女は同世代の主婦層をターゲットにしたテレビドラマの主題歌を作ることになります。それが『駅』同様に切なさとほろ苦さのある『シングル・アゲイン』です。

『駅』の詞では、偶然見かけたかつての恋人は、ラッシュの人波にのまれて消えて行ってしまいます。結局、言葉をかけることなく、虚しさだけが残ります。毎日駅の雑踏を行く都会の暮らしのなかで、同じように胸の詰まるような思いをした人は、結構いるのではないでしょうか。

＊竹内まりや『インプレッションズ』ロッキング・オン、一九九四年。

8　すべてをなくした男のブルース

雨に泣いてる

柳ジョージ

雨にまつわる歌は数限りないですが、多くの人が初めて知った雨の歌は「♪あめあめ ふれふれ かあさんが」とはじまる『あめふり』でしょうか。雨を楽しし気にとらえたこの歌は、北原白秋が作詞し中山晋平が作曲しました。実は五番まであり、歌の中に登場する「かあさんに迎えに来てもらった子」は、最後は自分はお母さんの傘に入って、自分の傘は、傘を持っていない友だちに貸してあげるという、実にほのぼのした話になっています。名曲ですね。

海外に目を移すと、ミュージカル映画の古典として知られる『雨に唄えば（Singin' in The Rain）』（一九五二年）でジーン・ケリーが踊って歌った同名の主題歌はさわやかです。ロバート・レッドフォード、ポール・ニューマンらによるアメリカン・ニューシネマといわれた映画「明日に向かって撃て」の主題歌になったバート・バカラックの名曲『雨にぬれても（Raindrops Keep Fallin' on My Head）』（六九年）といった、シンコペーションのリズムが特徴の、雨をものともしない軽快な歌もありました。

しかし、全体としてみれば雨のもつ暗さに思いを重ねた曲の方が多いでしょう。たとえば、ガットギターの音色が降りしきるさびしい雨を連想させる『雨のささやき（Rain）』（六九年）というホセ・フェリシアーノの名曲があります。

日本の歌では、特に昭和の歌謡曲の世界に雨はたびたび登場します。そのほとんどが、曲調は悲し気で、雨は物悲しさの象徴でした。思いつくままに挙げてみると、内山田洋とクール・ファイブの『長崎は今日も雨だった』（六九年）、朝丘雪路の『雨がやんだら』（七〇年）、湯原昌幸の『雨のバラード』（七一年）、欧陽菲菲の『雨の御堂筋』（七一年）、三善英史の『雨』（七二年）、イルカの『雨の物語』（七七年）、八神純子の『みずいろの雨』（七八年）……。

そのなかで異色なのが、柳ジョージ&レイニーウッドの『雨に泣いてる』です。蒸し暑く、鬱陶しい雨の季節を迎えるとなぜか思い出します。ブルースだからでしょうか。アメリカ南部、ブルースやジャズの薫りのするニューオリンズに、ある年の夏に立ち寄ったことがあるのですが、垂れこめた雲の下、ムッとする湿った空気を感じたのを覚えています。ブルースには湿り気が似合うようです。

エレキギターを抱えた柳ジョージの、男っぽさとブルース感を前面に出した迫力あるヴォーカルが、これまでの日本のポップスにはなく、新鮮に映りました。叩きつけるようなキーボードで幕を開け、ドラムがかぶさり、そしてエレキギターが奏でるむせび泣くような音色のメロディー。

♪Weeping in the rain　Weeping in the rain

と、繰り返すハスキーな声。あとは、雨に濡れていく男の、悲し気なモノローグです。

繰り返される、ロングトーンのエレキの音色は、降り注ぐ雨の下でずぶ濡れになるのをよしとする、自己憐憫か自己陶酔の表われのようです。女から見れば「男ってバカよね」とも思われかねない、ハードボイルドな男の美学を感じさせる歌詞でありメロディー。

レイニーウッドというバンド名は、柳ジョージがロンドンに行きハイドパークを訪れたときに見た光景から思いついたそうです。

一九七八年にこの曲が発表されたときは、タイトルは『Weeping in The Rain』で、歌詞も英語でした。翌年ショーケン（萩原健一）が演じるテレビドラマ「死人狩り」の主題歌として使われたときに日本語ヴァージョンができヒットにつながりました。

その後レイニーウッドは解散し、柳ジョージはソロとして活動。健康がすぐれなかったこともあって一時は活動を休止、本人は音楽の世界から去ることも考えたそうですが、二一世紀に入って再スタートを切ります。このころ彼にインタビューをしたことがあります。物腰がやわらかくシャイで、生まれ育った横浜のまちで音楽に目覚めたころのことや、肉体労働で食いつないだころの話などをし、最後に「ちょっと喉渇いちゃったな。ビールいいですか」と、気さくに笑っていました。

二〇一一年、六三歳でこの世を去ったその五年前、「Still Crazy」という味のあるアルバムを発表します。自分のヒット曲などのセルフカヴァーで、全体にアコースティックなサウンドで仕上げています。もちろん『雨に泣いてる』も。オリジナルとはうって変わって、ボサノヴァっぽくスローに流れ、かつてのような激しい雨は、やさしい雨になっていました。

9　また会えるって言ってくれ

真夏の果実

サザンオールスターズ

〝切ない〟とはなにか、あらためて考えてみます。「(寂しさ、悲しさ、恋しさなどで)胸がしめつけられるような気持ちだ。つらくやるせない。」(『大辞林』)と、辞書にあるように、一種の心の苦しさであることはまちがいありません。

では、素朴な疑問として、なぜ人は好んで切ない歌を聴くのか。聴いていて胸が締めつけられるような気持ちになることを求めるのか。いや、ほんとうに苦しいのなら聴けないはずなので、適度な苦しさを求めているのでしょうが、それにしても進んである種の苦しさを味わうことになるわけです。

きっと一種の感情の浄化(カタルシス)なのでしょう。悪をテーマにした小説を読む意味が、自分のなかに潜む悪の外部への排出効果があるといった作家がいましたが、それに似ています。別れや旅など、さまざまなことをきっかけとして、人は切ない気持を心のなかに抱えます。しかし、抱え込んだままだとだんだん苦しくなる。そこでときどき、その気持ちを洗い流して外に出すことが必要になる。そうしたきっかけになるのが、切ない歌ではないでしょうか。

よく、「おすすめの泣ける歌リスト」といったものがウェブ上などで紹介されていますが、泣きたい人がそれだけ多いということでしょう。といっても、本当に悲しくて泣くのはだれだっていやなはずですから、「泣ける歌」を求める理由も切ない歌を聴くのと同じことです。

ただ、「泣ける」と「切ない」は違います。素直に泣くことをよしとする「泣ける」に対して「切ない」は、ときに泣きたい気持ちを歯を食いしばって堪えたり、じっと胸の中に抑え込んだりする意味が含まれます。それゆえに、切なさは泣く以上に苦しい時があるのです。

だからとびきり切ない歌を聴くと、その苦しい気持ちが浄化され、少し疲れを帯びた心地よさが残るわけです。桑田佳祐がつくり、歌う『真夏の果実』(一九九〇年、アレンジ：小林武史とサザンオールスターズ)は、こうしたとびきり切ない歌のひとつです。

タイトルの『真夏の果実』という言葉がイメージするのは、真夏の陽光を受けて瑞々しく光り輝く色鮮やかな果物です。歌詞のなかでも「めまいがしそうな」と形容されるように、ギラギラとした夏のシンボルのような存在ともいえます。しかし、歌詞全体はそれとはまったく反対に、涙があり冷たく湿っぽい。切なさのエッセンスであるアンビバレントな世界です。

ハープのような音色(シンセサイザー)で、やさしくはじまるイントロのあと、低く抑え気味の桑田佳祐のヴォーカルが「♪涙があふれる……」と、メロディーも歌詞も物悲しいトーンで幕を開けます。

そのあとも、「冷たい雨」などさびし気な言葉がつづく。真夏の輝くイメージなどどこにもない。その一方で、ヴォーカルは徐々にトーンをあげ、有名なサビの部分に入ります。

「♪四六時中も好きと言って」という、メロディーも言葉も一度聴けば忘れられないフレーズ。そこから原由子のやさしい声が、バックで最後までずっとハモっていき、盛り上がったところで終わり、そのまま間奏へ。

二番に入ると、この歌のテーマが、過去の夏を背景にしていることが鮮明になります。時間的にも空間的にも遠く離れたものへの思慕が、夏のたそがれ時になると迫ってくるという。サビが繰り返され、そして最後にこの歌のなかでもっとも意味深長なフレーズが登場します。

♪こんな夜は涙見せずに　また逢えると言って欲しい

懇願しても、もう二度と会えないだろうことは察しがつきます。「会いたいけれど、たぶん会えない。でも会えると言ってほしい」。この複雑な胸の内が究極の切なさであり、こうした詩情が、聴くものの心のなかにため込んだ苦しい思いを洗い流します。

同じサザンのヒット曲『TSUNAMI』のなかの、「♪あんなに好きな女性《ひと》に　出逢う夏は二度とない」に通じるものがあります。

名曲としてこれまで多くのアーティストにカヴァーされていますが、長年ハワイアンをベースに、ささやくような甘い声で独特のサウンドをつくってきたサンディーのヴァージョンが際立っています。ハワイアンに仕立てて神秘的なムードも漂う、はかない真夏の果実です。

10 ぎらつく青春、その光と影

八月の濡れた砂

石川セリ

毎年、夏が終わりに近づくと、なんだか忘れ物をしたような気になります。やり残したことがあったような、なにもしないうちに夏が行ってしまったような、「しまった」という後悔の念です。

♪あの夏の光と影は　どこへ行ってしまったの

『八月の濡れた砂』のサビの部分です。「あの夏」といっているわけですから過去を振り返って回想したのでしょう。あの夏、光があり影もあった。でも、そんなものもいつしか遠い過去のことになってしまった。「あの夏はなんだったんだろう」と、ぼうぜんと思いをめぐらしているようにもきこえます。

一九七一年に公開された藤田敏八監督による同名映画の主題歌として、当時二〇歳の石川セリが歌いました。神秘的でエキゾチズムを漂わせ、「あの夏の光と影は……」と、憂いを含んだメロディーを力強く、かつ透き通る声できかせました。

映画は、一九七〇年代の湘南を舞台に、無軌道な若者たちの姿を暴力や欲望、セックスを通して描いています。しかし、歌は、映画のテーマを離れてメロディー、詞、声が一体となって、ギラギラとした「あの夏の光と影」への追憶となっています。

「♪どこへ　行って……」のところの「どこへ」で半音下がり、「行って」で半音上がるところや、ニューミュージック系の石川セリの澄んだ声とクールな歌い方は、暗い中にも乾いた空気感がありま す。そして微妙にシンコペーションをきかせて、全体として揺らぐような雰囲気を醸し出しています。

石川セリの歌手活動を振り返れば、七六年のアルバム「ときどき私は……」のなかの曲や、『ダンスはうまく踊れない』(作詞作曲、井上陽水)など、シンガーソングライター系のポップな曲が彼女の持ち味です。それからすると、『八月の濡れた砂』は、異色の作品といえます。

作詞の吉岡治、作曲のむつひろしは、ともに歌謡曲の世界で作品を残してきました。吉岡の代表作には、石川さゆりの『天城越え』や大川栄策の『さざんかの宿』といった演歌から、千賀かほるの『真夜中のギター』、美空ひばりの『真赤な太陽』といったフォーク、ポップ調の作品があります。

むつひろしは、ザ・キング・トーンズのヒット曲『グッド・ナイト・ベイビー』や浅川マキの『ちっちゃな時から』など、リズム&ブルースの影響を受けた作品を手がけています。また、社会のどん底の悲哀を思わせる、他に類を見ない歌謡曲『昭和枯れすゝき』(さくらと一郎)の作曲者でもあります。

名曲はイントロで決まる、と言われるように、『八月の濡れた砂』のイントロも一度聴いたら忘れられません。憂愁のメロディーを奏でる弦の音色は、民族楽器のようにきこえます。オーソン・ウェルズ主演の名画「第三の男」に登場する有名なテーマ曲の始まりに似ています。アントン・カラスが演奏するチター（ツィター）という弦楽器が奏でるメロディーは、この映画とは切っても切り離せません。『八月の濡れた砂』のイントロは、チターと音色が似ているアルパという南米のハープが奏でています。演奏しているのは、チコ本間。『コモエスタ赤坂』『別れても好きな人』のヒットで知られる、ロス・インディオスのメンバーだった人です。

このイントロを聴くたびに、弦の音色と旋律に心を揺さぶられます。イントロが終わり、石川セリが、「♪あたしの海を　まっ赤に染めて」と、低く歌いだします。「わたし」ではなく、「あたし」です。そして、「♪あの夏の光と影は　どこへ行ってしまったの」と、訴えるように終わります。

多くの女性シンガーソングライターが、尊敬する女性アーティストとしてその名を挙げるジョニ・ミッチェル（一九四三年〜）の初期の曲に『Both Sides Now』というヒット曲があります。ものごとには「両面＝Both Sides」があり、見方によっていろいろで、人生もまた不可思議だという歌です。日本では『青春の光と影』と訳され、知られました。

「光と影」という組み合わせには、深みがあります。人生光もあれば、影もある。あの夏にも光と影があった。でも、いずれにしてもどこかへ行ってしまったのです。

11　戦《いくさ》で死んだ父よ！

さとうきび畑

森山良子

「毎年夏にこの歌を聴くと切なくなるの」。ある五十代の女性がこう漏らしました。若いころから高齢者の介護の仕事に携わり、お年寄りの尊厳とはなにか、弱い者の声なき気持ちをどう汲んだらいいかをずっと考えて来た人です。

その彼女を夏に切ない気持ちにさせるのは、沖縄を舞台にした『さとうきび畑』です。

♪ざわわ　ざわわ　ざわわ　広いさとうきび畑は……

島で育つさとうきびが風に揺れるさまを「ざわわ」という、ユニークな言葉で言い表わし、一番もあるコーラスのなかでこれを延々と繰り返します。

夏の陽ざしのもと、さとうきびが風に揺れてざわわと音を立てている。ゆったりとしたリズムといいやさしいメロディーといい、初めて聴く人は、最初はのどかな夏の島をテーマにしているのかと思うでしょう。しかし、二番に入り、「♪むかし海の向こうから　いくさがやってきた」という言葉によって本当のテーマが見えはじめます。

そして、三番では「♪あの日鉄の雨にうたれ　父は死んでいった」と、なにか辛い物語を予感させ、このあとつづくいくつものコーラスをとおして、戦争で死んだ父に対するどうしようもない喪失感が、夏の風に揺れるさとうきびの「ざわわ」という音に重なっていることをわからせます。

一九六四年六月、日本への返還前の沖縄を訪れた東京の音楽家、寺島尚彦は、戦後一九年を経たその当時、かつて激戦地でもあったというさとうきび畑を歩き、風をはらんだ音を聞きます。「その音の中に、そこの地下に眠る人たちの魂の怒号や嗚咽が聞こえてきたような気がしたのだ。空は青く澄み夏の太陽が燃え盛っていた筈なのに、私の回りはとても暗く感じた」*という彼が、その思いをその後一年半かけて曲と詞に表わしたのが『さとうきび畑』です。

最初は、和田弘とマヒナスターズとのデュエットで有名になった田代美代子が歌い、その後、さまざまな歌手によって表現されますが、もっとも長く歌い続けた森山良子のヴァージョンが、よく知られています。今では彼女のコンサートにはなくてはならないレパートリーとなり、リクエストも多いといいます。

全曲は九〜一〇分にもなるので、テレビではなかなか終りまで放送されることはなく、レコーディングも短縮されたことがありました。しかし、二〇〇二年にリリースされたアルバム「さとうきび畑」のなかでは、彼女は原曲のまますべてを歌っています。

このアルバムは、デビュー曲『この広い野原いっぱい』、ミリオン・ヒットとなった『禁じられた恋』、ボサノヴァ調の洒落た『雨あがりのサンバ』など、円熟期の森山良子が、自ら選んだそれまでの代表曲をまとめたセルフ・カヴァー集です。全編アコースティックのアレンジで、メロディーと詞の魅力がひきたっています。

このなかで、一〇分間にわたる『さとうきび畑』は、いくさで死んだ父への思いが悲しいほどに徐々に盛り上がり、八コーラス目の「♪お父さんて呼んでみたい　お父さんどこにいるの」というサビの部分は、涙声といっていいほどです。

BEGINが作曲、森山良子が作詞した、夏川りみの歌でよく知られる『涙そうそう』でも、実話に基づく帰らぬ人への思慕がテーマになっています。まず、曲が最初にできあがり「涙がボロボロこぼれる」という意味の『涙そうそう』というタイトルがついたため、森山は、若くして急逝した兄への思いを重ねてこの詞を書きました。もう会えない人への会いたい気持ちがひしひしと伝わってきます。

戦争で父を亡くした歌では、ザ・フォーク・クルセダーズの『戦争は知らない』（一九六八年）があります。作詞寺山修司、作曲加藤ヒロシ。メロディーはさわやかですが、幼くして、戦争で父を失った女性が、いま成長して「あしたお嫁に行きます、父さん見ていてください」と、亡き父に告げるところが胸に迫ります。

沖縄戦では多くの男たちが死に、夫を失った女性たちもたくさんいました。一九七〇年の調査では、沖縄県民のうち四五歳以上六九歳以下（戦争当時一七歳以上、四一歳以下）の数は、女性が一〇〇に対して男性は七三です。また、夫を失った女性のうち、戦争が原因の女性は約五五％にのぼり、本土の場合の一五％と比べると三倍以上になります。

日本全国で、あの戦争で夫や父を亡くした人は多いですが、とりわけ沖縄ではその割合は高く、戦争直後には苦しい生活を強いられた女性たちは多かったのです。

『さとうきび畑』の最後は「♪この悲しみは消えない」で終わります。アメリカ統治下での抑圧された生活、日本復帰後でも消えない基地への不安、基地があるための犯罪被害など、形を変え、消えない悲しみは沖縄では長年つづき、いまもつづいています。

＊寺島尚彦『ざわわ　さとうきび畑──緑いろのエッセイ』琉球新報社、二〇〇七年。

12　月夜に街を出てゆく

月のあかり

桑名正博

ロッキー山脈や渓谷の自然美で知られるアメリカ西部コロラド州。その州都デンバーを訪れたある秋の日のこと、夜になってレストランに出かけると、それまで見たこともない大きな美しい月が出ていました。まさに、『Moonlight On The Colorado』という有名な歌にあるような月です。日本でも『コロラドの月』として、戦前にダンス・ミュージックとして流行したこの歌は、別れた人を偲んでいます。

月は、太陽のように強烈なインパクトはありませんが、ほのかな光りは、落ち着きがあり、時に幻想的な雰囲気を醸し出すので、こうしたイメージが歌にも反映されます。映画「ティファニーで朝食を」の主題歌『ムーン・リバー』や、不思議な物語のような童謡『月の沙漠』もそうでしょう。

日本のポップスのなかでも、月にまつわる歌はいくつもありますが、私は桑名正博の『月のあかり』がまっさきに思い浮びます。この歌は、関西、特に大阪では圧倒的な人気らしく「カラオケの締めには、よく歌われる」というほど好かれているそうです。

一九七八年に発表されますが、当時はシングル盤としては出されず、同年リリースされた「TEQUILA

MOON（テキーラ・ムーン）」という、月が意識された名前のLPアルバムに収められました。

作詞は、吟遊詩人とも呼ばれるにふさわしい、世界を旅してきたシンガーソングライターの下田逸郎です。「♪旅に出るなら　夜の飛行機」という歌詞が印象的な『セクシィ』という曲を石川セリのために作るなど、多くのアーティストに詞を提供してきました。

そのなかで『月のあかり』は、ひとことで言えば、男が涙ぐみながら女に投げかける別れのバラードです。しかし、別れの言い草が少し変わっています。場面は、やさしい月あかりの下。

♪長い旅になりそうだし
　さよならとは違うし
　この街から出てゆくだけだよ

サビの部分のこの言葉。想像を逞しくして解釈してみれば、ほんとうは別れたくないけれど、「この街から出て行かなくてはならない」。つまり、別れを選ばざるを得ない。だけど、さよならじゃない、でも長い旅（別れ）になりそうだ……

心は揺れているのでしょう。いう方も辛いが、いわれる方にしたら、もっと辛くて納得できないような言い分です。双方にとってどうしようもないところが、聴いていて切ない。

矢沢永吉のキャロルと並び、当時は「東のキャロル」、「西のファニカン」と言われた、ロックバンド、ファニー・カンパニーを結成しギターとヴォーカルを担当した桑名は、その後ソロになると、一九七九年に『セクシャルバイオレットNo.1』の大ヒットで一躍有名になりました。

これらと前後して、プライベートな面ではいろいろマスコミで取り上げられるなど、破天荒なイメージが強かった人ですが、歳を重ねてから二〇一二年に五九歳で亡くなるまでの間は、アコースティックな弾き語りで、フォークロックもとりあげ、新たなファンを獲得していました。

「テキーラ・ムーン」のなかの『月のあかり』を聴いてみると、エレキギターが、ブルージーに響き、バックコーラスも入る大掛かりな演奏のなかで、ヴォーカルは若々しく、つやがあって伸びやかです。一方、髪も白くなってからギター一本で聴かせる『月のあかり』は、歌唱力は相変わらずですが声はハスキーになり、これはこれで枯れた味があります。

都会では月のあかりがわかりにくくなっているいま、きれいな月夜に、杯を手に聴いてみたい曲です。

13 きっと君は来ない

クリスマス・イブ　山下達郎

まちなかにクリスマスソングが流れはじめると、この時期ならではのせわしさが漂ってきます。否が応でも、気分を高揚させて流れにのらなくては、という気持ちにさせられます。しかし、誰もがこのムードにのれるわけではありません。

そんな心情は、歌のテーマにもなっています。

荒井由実の一九七〇年代の曲『12月の雨』には、こんな一節があります。

♪もうすぐ来るクリスマス　想い出の日には　また会おうと云った　もう会えないくせに

そして、山下達郎の『クリスマス・イブ』のこのフレーズは、どこかで一度は聴いたことがあるはずです。

♪きっと君は来ない　ひとりきりのクリスマス・イブ

詞を見ただけで、きっともう頭の中には、滑らかで艶のある彼のヴォーカルが響き、メロディーが鳴っているのでは？　それほどこのシーズンには、巷に流れるメロディーです。

できれば来てほしい。待っている。でも来ないだろうな。そんなあきらめの気持ちを歌っています。それはあとに来る言葉でも明らかです。

♪必ず今夜なら　言えそうな気がした

「気がした」と過去形です。言えそうだと思っていたが、でも来ないから言うこともないというわけでしょう。

一九八三年にリリースされた山下達郎のアルバム「MELODIES（メロディーズ）」の一番最後に収められているこの曲は、その後シングルカットされます。当時は誰もヒットするとは思っていなかったといいますが、八八年にJR東海のコマーシャルソングに使われると、クリスマスに離れていた人と会う、といった物語を彷彿させたのか、大ヒットになります。以後、クリスマスソングの定番として、幅広い世代に親しまれています。

アルバム「SONGS」でデビューした一九七五年から、一瞬にして心をとらえるようなポップなメロディーと心地よいコーラスによるサウンドで、彼はワン&オンリーの地位を築いてきました。『クリスマス・イブ』は、「きっと君は来ない〜」と「雨は夜更け過ぎに〜」という部分の印象が強いですが、抑えたギターのイントロからはじまる四分一三秒を聴いてみると、この曲の深い妙味がわかります。途中にパッヘルベルのカノンをベースにしたコーラスが使われているのも効果的です。幾層にも音を重ねた〝サウンドの壁〟のようなクラシカルなムードが、ポップな曲調のなかにもクリスマスならではは荘重な雰囲気を醸し出します。

山下達郎というと、『高気圧ガール』など、コマーシャルで使われた曲からしてポップで明るいイメージが強いでしょう。しかし、陰を帯びた切ない歌詞の曲は少なくありません。たとえば、アルバム「メロディーズ」の一曲目、『悲しみのJODY (She Was Crying)』。ハイトーンのヴォーカルで迫る力強いサウンドですが、メロディーラインもブルーなところがあります。君とならきっとわかり合えた。でももう二度と会えない。そんな悔いの残る気持ちが、夏のシーンと重なります。こういうところが、山下達郎の奥の深さです。彼が敬愛するビーチ・ボーイズのサウンドの核をつくったブライアン・ウィルソンの音楽のように、サウンドのポップな面だけからは測ることができない深みがあります。

クリスマスソングといえば、八〇年代ならワムの『ラスト・クリスマス』、九〇年代に青春をおくった人ならマライア・キャリーの『恋人たちのクリスマス（All I Want for Christmas Is You）』が印象に残っているのでは。

もっと古い世代、古き良きクリスマスを偲ぶ世代なら、映画の主題歌でもあるビング・クロスビーの『ホワイト・クリスマス』が一番でしょうか。

♪I'm dreaming of a white Christmas

は、有名なフレーズです。ジョン・レノンの『ハッピー・クリスマス』も名曲です。子供たちのコーラスが加わり徐々にムードは高まりそして収束します。

クリスマスは、曲と一緒によみがえる思い出をもっている人は多いのでは。楽しかった、ほろ苦い、などいろいろあるでしょうが、切ないクリスマスとなれば山下達郎の『クリスマス・イブ』です。

14　ぼくたちが失ったもの

夜空ノムコウ　SMAP

時の流れだけは止めようがない。「あれからずいぶんたったね」とか、「若いころは……」と、しみじみ時の流れを思うとき、切なさが交錯することがあります。

「兎《うさぎ》追いし　かの山」と歌う『故郷《ふるさと》』も、郷愁とともに過ぎ去った時間を感じるからよりしんみりとしてきます。

若くてもそれなりに時の流れに喪失感を覚えるものです。学生時代に別れを告げ、社会人になろうというとき、「これで青春も終わりか」などというさびしさが去来するのは、今も昔も変わりません。

長い間活動を続け、ある世代にとっては青春をともに歩んだアイドル・グループSMAPの解散(二〇一六年)に、ファンはさみしさを募らせました。華々しい活動の足跡を振り返ればなおさらでしょう。

サッカー日本代表が初めてワールドカップに出場した一九九八年、SMAPが大ヒットさせたのが『夜空ノムコウ』です。作曲は川村結花、作詞はスガシカオ。デビュー二年目のスガシカオは、軽い気持ちでつくったところ売れてしまったといいますが、趣きのある歌詞です。少し前の過去を振り返りながら、今を見つめて、明日を待つ。
これを当時二十代のＳＭＡＰが歌ったとき、確か、若い社会人に共感を与えたという話を記憶しています。歌詞をみてみましょう。

「♪あれからぼくたちは……」と、最初から「時の流れ」を感じさせます。そして、後半に「♪あのころの未来に　ぼくらは立っているのかなぁ」という。

「あのころの未来」、つまり、かつて思い描いていたような自分の将来、ということです。そのあとの詞を見ればわかりますが、それが思っていたほどうまくはいかないというわけです。
ＳＭＡＰのコーラスもいいですが、スガシカオが独特の枯れた声でアコースティック・ギターを奏で歌う弾き語りのセルフカヴァーもいいものです。
振り返れば、人生、たいていは思っていた通りにはいかないことの連続で、それを確認していくのがまた人生かもしれません。

時計の針をぐっと半世紀以上前に戻してみましょう。一九五六年に、マリーア・テレーサ・ベラという、知る人ぞ知るキューバの女性歌手が録音した『VEINTE ANOS（ヴェインテ・アーニョス）』という歌があります。キューバ革命前のことです。

タイトルの意味はスペイン語で「二〇年」。ギターの悲しげな弦の音とともに男性歌手とのデュエットで聴かせるこの歌は、二〇年たった今も、あなたを失った苦しみがあるといいます。

最初に世界に広まったラテン音楽ハバネラのほか、キューバでは、ボレーロやソンなどさまざまな大衆音楽が生まれました。一八九五年生まれのマリーアは、ダンス音楽のソンが全盛の一九一一年にデビュー、この時代に大衆音楽の世界で、女性の担い手としては稀有な存在でした。

この歌は時代を経て、一九九七年にアルバムが出されワールドツアーも行われ世界的に話題になった「ブエナ・ビスタ・ソシアル・クラブ」のなかでオマーラ・ポルトゥオンドもカヴァーしています。また、スペイン・カタルーニャ出身の実力派女性歌手、シルビア・ペレス・クルスは「二〇年」をとうとうと歌い上げます。どこかのカフェのテーブルで、ギターを抱える男性とともに、他のお客のなかに自然ととけこみ「二〇年」を歌う彼女の姿がウェブ上にあがっていました。

二〇年なんていうのはあっという間です。振り返ればＳＭＡＰは二八年間活動してきました。メンバーはいまあのころの未来にそれぞれ立っているわけです。

15　外は冬、愛はもう終わり

さよなら

オフコース

いつごろからでしょうか、日本でも路上で男女が平気でキスしたり、派手に抱き合ったりするようになったのは。バブル経済が崩壊した一九九〇年代前半のような気がしますが、良くも悪くも日本人は恥ずかしがり屋だというこれまでの印象が、変わったなと大人たちは目を見張ったものでした。

冬の寒空の下、ちょっと体を寄せ合うくらいにして並木道を歩くのも、いい感じがしますがどうでしょう。

♪僕がてれるから　誰も見てない道を
　寄りそい歩ける寒い日が　君は好きだった

伝説のグループ、オフコースのヒット曲『さよなら』のなかの一節です。この曲のシングルレコードが発売されたのが一九七九年。もちろん、手をつなぎ寄り添って歩くことなど、カップルでは普通の時代でした。

しかし、人前でべたべたするのを照れくさいと思う気持ちもまだ残っていました。とくに男には、この歌の「僕」のような人は多く、だから歌の「君」のような女の気持ちを感じていたはずです。

作詞・作曲し自ら歌ったオフコースのリーダー、小田和正の歌い方はクールですが、歌詞は意外と古風な気持ちを表わしています。見方によっては男主導というか、やさしさのなさととられるかもしれません。

しかし、別に不倫でもなんでもないのに、人目に触れないで歩ける寒い道が好きだったという気持ちは、なんとなく切ない。そんな健気な女の子に対して、男はなにか事情があるのでしょう、別れを告げる。歌のはじまりに戻れば、高い音でいきなり決定的なことをいう。

♪もう　終わりだね

突き放すような歌い方。小田の別のヒット作である『言葉にできない』などできかせる、温かさはここにはありません。

「さよなら」「さよなら」と何度も繰り返され、その数は一二回に及ぶ。季節は冬。外はやがて雨から雪になり、その雪は「僕」の心のなかにも降り積もるだろう、という。なんとも、冷たい別れですね。この冷たさは、「寄り添う冬の道」の情景が思い浮ぶとより一層増します。

横浜市にある私立の聖光学院高で同級生だった小田和正と鈴木康博らによって結成されたオフコー

スは、一九六九年に第三回ヤマハ・ライトミュージック・コンテスト全国大会で第二位となり、翌七〇年にデビューします。以後約二〇年の間に『言葉にできない』や『愛を止めないで』など数多くのヒットを放ちますが、八九年に解散します。

小田は、中学生のころ、オードリー・ヘップバーン主演の映画「ティファニーで朝食を」の主題歌『ムーン・リバー』に感動し、ピーター、ポール&マリーの『風に吹かれて』に創作意欲を感化されたといいます。

優しさを感じるメロディーライン、そしてハイトーンでクリアなヴォーカルとコーラスの美しさ。これらが組み合わさったのがオフコースサウンドの特徴でした。詞の方は、よく見ると、気持ちのすれ違いや、別れの仕方なさのような、独特な世界観があるのがわかります。

『秋の気配』という曲では、「♪こんなことは今までなかった　ぼくがあなたから離れていく」と、身勝手ともとれる自分の心変わりを客観視し、『眠れぬ夜』では、「♪愛のない毎日は　自由な毎日」と、乾いた心をのぞかせます。

どうしようもなさや仕方のなさ。それを思い切りぶつけたのが『さよなら』です。「愛したのはたしかに君だけ」と、捨てがたい思いを、高音で響かせてはいます。しかし、「もう、終わりだね」「さよなら」という宣言。それがすべてを物語っています。

16 それでもやっぱり会いたくて

黒の舟唄

長谷川きよし

「舟唄」という言葉だけなら、八代亜紀の代表曲『舟唄』のように、演歌の薫りがします。しかし、『黒の舟唄』と「黒の」という形容詞がつくと陰を帯びたシャンソンのようなタイトルに思えます。いずれにしても、ある種の暗さがつきまとっているのはたしかです。

♪男と女のあいだには　ふかくて暗い　河がある

こうはじまる『黒の舟唄』は、男と女のあいだにある距離を、深くて暗い河にたとえて男の側からみつめています。その河は簡単には渡ることのできないものですが、バカなというか懲りない男は、舟をだして一生懸命渡ろうとする。とにかく漕げ、漕げ（ＲＯＷ＆ＲＯＷ）と、自分を鼓舞するかのようです。

男と女の関係という〝一般論〟は、最後はおれとおまえの関係になっていきます。この歌が切ないのはこの点です。結局、おれとおまえの間にも渡れるかどうかわからない河がある。だけど、「♪それでもやっぱり　逢いたくて　エンヤコラ」と舟を出し、ひたすら漕いでいくしかないという、愛ゆえの徒労です。

　ここから少し想像を膨らませてみると、単に男と女の関係にとどまらず、人と人との間には、つねに深くて暗い河があって、そう簡単にわかりあえるものではない。でも、わかろうと舟を出す。そんなことに思い至ります。


『黒の舟唄』は、一九七一年にコマーシャル音楽などをてがけていた桜井順が作詞、作曲しました。歌ったのは当時、売れっ子作家としてメディアに注目されていた野坂昭如。実は、一時歌手を目指したこともある野坂は、一九六七年下期の直木賞を「アメリカひじき・火垂るの墓」で受賞したのち、歌の世界にも乗り出しました。桜井は、野坂と同じ昭和一桁生まれで、また、三木鶏郎が率いる民放のラジオ番組などを手がける「冗談工房」で野坂と一緒だったこともあり、野坂になりきるような形で歌をつくりました。

　その先駆けとなったのが『マリリン・モンロー・ノー・リターン』という、ふざけたような歌でした。当時これをシングル盤レコードにすることになったとき、B面に入れる曲がなかったため慌てて作られたのが『黒の舟唄』です。作詞、作曲とも桜井ですが、作詞者名として能吉利人（ノウ・キリヒト）と名乗りました。イエス・キリストへのアンチ・テーゼ的な洒落です。「西欧キリスト起源ブンカに五体脳味噌ドップリ漬かりつつ、これを否定しようと言うアンビバレンツ・サーカスなのだよ」と、桜井はいっています。

サングラスがトレードマークの野坂は、男臭く無頼の風を装った感もあり、『黒の舟唄』はいかにも彼が書いたような歌詞でした。その意味で、歌手と歌はマッチしているのですが、反応はいま一つでした。しかし、この歌に惹かれ自分が歌って残していこう思ったプロがいました。長谷川きよしです。野坂と同様にサングラスをかけた、盲目のギタリストであり歌手として自作の『別れのサンバ』で鮮烈なデビューを飾った長谷川は、野坂に「自分に歌わせてほしい」と掛け合い、自らのレパートリーにすると、持ち前の歌唱力とエッジの利いたギター演奏によってファンの心をつかみました。

野坂は半ば冗談で「長谷川きよしに、おれのレパートリーをとられた」と吹聴していたようですが、長谷川が野坂のステージに駆けつけたこともあり、長谷川ヴァージョンを野坂も認めていました。加藤登紀子も早くにカヴァーしたほか、のちに美空ひばり、石川さゆり、森進一、桑田佳祐なども取り上げていることでもこの歌の魅力がわかります。

年の初めに東大・安田講堂事件のあった一九六九年七月、『別れのサンバ』でデビューした長谷川きよしは、オリジナルに加えてシャンソン、ブラジル音楽のカヴァーなどをクラシックをベースにしたギターテクニックと歌唱力で、他に類を見ないアーティストとしての道を歩んできました。

その彼にとって『黒の舟唄』は初期の代表曲の一つといえます。この歌は最初はアルバムに入ったのちに斬新なロック調のアレンジによるシングルとして発売されました。エレクトリック・バイオリンとともにいきなり「♪男と女の〜」とはじまり、エレキギターの少しひずんだ弦の音が入り、ドラムがリズムを刻み、ベースが響き、ピアノがフィーチャーされるときもあります。アレンジとエレクトリック・バイオリンが玉木宏樹、エレキ・ギター高中正義、ベース細野晴臣、ピアノ成毛滋、ドラムつのだ☆ひろ、といったそうそうたる顔ぶれです。

このサウンドの塊に、湿っぽさを吹き飛ばすような、鋼のように硬質だがしなる声が「♪ロウアンドロウ」と、流れに負けずと響きます。ステージでひとり、長谷川がギターを激しくかき鳴らして歌うヴァージョンでも歌の力は変わりません。

長谷川の歌は、抒情に安易に与することのない抒情性とでもいったらいいでしょうか、感情やムードにどっぷりつかるのではなく、少し距離を置いてクールにとらえることで本質を際立たせます。『別れのサンバ』でも、別れの悲しさを突き放すように歌います。

カヴァーとして取り上げる曲のテーマにもそれは表われています。たとえばブラジルの古いサンバの歌い手、カルトーラの『アコンテッシ』を日本語にして、二度と戻ることのない愛の形を、「仕方のないこと」と諦観をもって表現します。

仕方のないこと、無駄だとわかっても進むしかないこと、そんな不条理の持つ切なさが、長谷川の『黒の舟唄』に潜んでいます。

参考：桜井順「共犯関係　冗談関係　憑依関係」、「ノサカと吉利人のあいだには……」『野坂昭如 焼跡闇市ノー・リターン』KAWADE夢ムック 文藝別冊、二〇一六年。

17　今夜ほどさびしい夜はない

こんな風に過ぎて行くのなら

浅川マキ

なんとなく毎日が過ぎていく、それも結構はやく過ぎていく。なんだろうなと、時の移ろいに沈む夕陽を見るような気持ちになることがあります。

「♪何気ない毎日が　風のように過ぎてゆく」という一節が印象に残る歌がありました。喜多條忠が作詞、吉田拓郎が作曲して、中村雅俊が歌った『いつか街で会ったなら』です。

「♪あれから何年たったのかしら」とか「♪時の過ぎゆくままに」といった歌もありました。知る人ぞ知る個性的な歌手、浅川マキには『こんな風に過ぎて行くのなら』というユニークなタイトルの作品があります。一九七二年にシングル盤として発売されました。

二〇一〇年に亡くなるまで、独自の〝アンダーグラウンド〟文化の世界を歩んできた、今日でいえばシンガーソングライターである彼女の代表作のひとつといっていい曲です。彼女の手による同名の著書もあります。

彼女が亡くなってから追悼の意を込めて出された二枚組CDアルバム「Long　Good-bye」で、私はこの歌を聴きましたが、このヴァージョンは一九九六年のアルバム「こんな風に過ぎて行くのなら」に収められているものです。

イントロを聴けば、エレクトリックなサウンドを取り入れたボブ・ディランの名曲『ライク・ア・ローリング・ストーン』のような、フォーク・ロック、ブルース、そしてカントリーの薫りがします。

♪こんな風に過ぎて行くのなら
　いつか　また　何処かで　誰かに出逢うだろう

エレキギター、ピアノ、ベース、ドラムで構成されるゆったりとしたバンド・サウンドが演出するのは、親しみやすいポップなメロディー。しかし、グルーブ感(ノリ)は他にはまねのできないような波を打ちます。もしカラオケにこの曲があったとしても、オリジナルの味はなかなか出せません。メロディーはポップでも歌詞は切ない。時は過ぎて、人は去ってしまう。

♪今夜ほど　寂しい夜はない
　そうさ　今夜は　世界中が雨だろう

本人が作詩・作曲。自身の世界観がはっきりしている浅川マキは、創作するうえで言葉や音に厳しく、「作詞」ではなく「作詩」という言葉をつかいます。レコードとはちがったＣＤの音には懐疑的でした。

不思議な詩を書き、ほかの人にはない言葉を詩にする人だと、私は昔から思っていました。「世界中が雨だろう」というのは、ずいぶんとさびしいものです。初期の代表曲の『ちっちゃな時から』という歌には、「♪さよなら　お嫁に行っちゃうんだろ」というフレーズがあります。

『町の酒場で』という歌は、「町の酒場で 酔い痴れた女に 声をかけては いけない」と、はじめます。その理由は明らかにはなっていないのですが……。『淋しさには名前がない』『ふしあわせという名の猫』など、歌のタイトルも不思議です。

一九四二年、北陸、日本海沿いのまち、石川県美川町（現・白山市）で生まれた浅川は、高校卒業後地元の町役場に勤め国民健康保険係の任に就きます。が、辞職して上京し、キャバレーやジャズ喫茶などで歌いはじめます。自著のなかで、その当時のことをこんなふうにいってます。

「北陸は雨が多い（中略）或る日　妹の泣き叫ぶ声を背中に　わたしは母にも内緒で各駅停車《どんこう》に乗って上野駅に着いた　その日の上野は、少しばかり雨が降っていた」

一九六八年に寺山修司の構成・演出による「新宿アンダーグラウンド・シアター蠍座」でワンマン公演をし、デビューコンサートを飾ります。以来、ジャズ、ブルース、フォークの壁を越えて歌い続けますが、二〇一〇年一月、三日間の公演の途中で倒れてしまう。彼女を偲ぶ会には、ファンだという二十代、三十代も大勢集まりました。

それから七年後、私は仕事で愛媛の宇和島に行ったとき、人気のない夜の街を歩いていて、たまたま年季の入った感のあるジャズ喫茶（バー）を見つけ、扉を開けました。すると棚にずらり押し込めれたLPレコードのそばに、浅川マキの往年のライブかなにかのポスターが貼ってありました。ああ、ここにも好きな人がいるんだなと、彼女と同世代のマスターの顔を見たものでした。

「Long Good-bye」のCDリリースに合わせたコピーの言葉は、「時代の地下水脈を辿っていくと、そこに浅川マキがいる」です。時代の地下水脈というほの暗さ。世の中の陰や裏の部分に浸ることの〝心地よさ〟を、知っている若い人もきっと多いのでしょう。

「今夜ほど寂しい夜はない」。しかし、そんな夜も「こんな風に過ぎて行くのなら」、また、なにか変わって行くかもしれない、そんなふうにもきこえてきます。

18　カーラジオを聴いていたころ

スローバラード

忌野清志郎

イントロを聴いた瞬間に、ぞくっとする。忌野清志郎（RCサクセション）の『スローバラード』は、まぎれもなくそういう名曲です。キーボードが胸の高鳴りのように強く、美しい旋律を奏でる。そして、喉から絞り出すように、泣き声まじりのような歌い方で小さな物語がはじまります。

清志郎の歌をそれほど知らなくても、RCサクセションがどんなバンドかわからなくても、この『スローバラード』だけは聴いたことがあるという人、なんだかジーンとくる歌だな、と思った人は少なくないはずです。

♪昨日は　クルマの中で寝た　あの娘と　手をつないで

車の免許をとり、友人たちと初めて遠くまでドライブしたとき、自分たちだけの空間ができあがり、それがどこまでも伸びていくような爽快感を味わったことを思い出します。歌詞のなかの主人公も、まだ運転免許をとってそれほど経ってはいないのでしょう。彼女と二人だけになれる唯一の空間である自分の車のなか。なにか事情があって、そこで二人して夜を明かすことになったのか。そんなことを想像させせます。

そのあとにつづくフレーズで、場所は「市営グランドの駐車場」とわかります。車にまつわる歌詞が登場するラヴソングはいろいろありますが、「市営グランドの駐車場」は、ほかにきいたことがありません。

この歌がシングルレコードとして、またアルバム「シングル・マン」の一曲としてリリースされたのが一九七六年。東京都下の国分寺で育ち、都立日野高校を卒業した清志郎が、若き日に目にしていたのは、田舎ではなく、かといって東京といってもそれほど都会ではない郊外の景色でした。

歌のなかの市営グランドは、当時の八王子市民球場（現在、ダイワハウススタジアム八王子）がモデルになっているらしく、実際に、売れる前の若き清志郎は、おんぼろの日産サニークーペを運転してこのあたりも走っていたようです。

カーオーディオがはやりはじめのころで、若者は車を持てば、カセットテープで音楽を聴けるカーステレオセットをオプションでつけたものでした。でも、歌のなかの車はラジオしかなかったのかもしれません。

カーラジオからスローバラードが流れる。ブルースに傾倒していた清志郎のことですからソウルっぽいバラードではと想像します。そして、「♪悪い予感のかけらもないさ」と、絶叫する。

が、詞とは逆に、メロディーラインも声の揺れも、本当は何か悪いことが起きるんじゃないかと予感させてしまう。意図したのかそうでないのかわかりませんが、悲し気に響く。そして最後は、二人でよく似た夢を見た、と終わります。ロマンチックなようですが、共有したのは、夢という「束の間」です。

忌野清志郎とＲＣサクセションの代表曲の一つとして歌い継がれる『スローバラード』には、いろいろなヴァージョンがありますが、間奏でのサックスが梅津和時によるものが私は特に印象に残っています。

作詞・作曲は忌野清志郎とみかん。みかんは、若いころをつづった彼の日記風の本にも登場する女性です。彼の歌は、実体験に基づくものが多く、スローバラードもまた歌詞のような体験から生まれました。しかし、実際は車中で寝ていると警察官が見回りにやってきて起こされ、ムカついたという話のようです。

そんな怒りをこめて最初は歌を書いたところ、できあがってみるとすばらしかったので、彼女の助言もあり、警察官のことなど消去して完成させたそうです。

ＲＣサクセションは一九六八年に結成され、七二年に『ぼくの好きな先生』をヒットさせます。その後しばらく低迷し、七六年に『スローバラード』を発表しますが、当時は評判になりませんでした。

若いころは金もなく〝ヒッピー〟のような暮らしもしていた清志郎。「本当にいいものは生きているうちは認められない」と思っていたそうですが、ある時期から多くの人に聴かれることを目指し、ポップな路線に挑戦します。

八二年に清志郎は個人として坂本龍一と組んで『い・け・な・いルージュマジック』をリリースすると、これが大ヒットし、日本のロックスターの座にのぼりつめます。しかし、そうなると「売れるということは、こんなにつまんねぇことかと思ったよ」といったりします。そして、反戦や反核といったテーマへも踏み込んでいきます。でも、けっして難しいことは言わず、ちょっと不良っぽく、自由で、なにかに囚われることなく歌い続ける。そんなところが、とくに下につづく世代のファンからかっこいい兄貴のように慕われてきました。

基本はブルースなんでしょう。二〇〇九年五月に惜しまれこの世を去ります。市営グランドの駐車場にとめた車中という小宇宙を舞台に、ソウルなバラードを作る。すごいブルースマンです。

19　捨鉢になった私に

タクシードライバー

中島みゆき

タクシー運転手との出会いは、ほとんどその場限り、一期一会です。だからなにげない話、どうでもいいような話のほかに、ふと誰にも話したことがない本音を運転手にもらしてしまうことがあります。

都会の深夜タクシーならなおさらです。お客の方は酒が入っているかもしれないし、遅くまで仕事をして疲れ切っているかもしれません。

都心で仕事をしていたころ、酒を飲んで深夜にタクシーで帰宅する道すがら、「運転手さんも長いことやってると、いろんなことがあるんじゃないですか」と、興味半分にきいてみたことがあります。すると「そうですね、女のお客さんに誘われたこともありますよ」と、嬉しそうに話してました。

こんなたわいもない話をはじめ、深夜のタクシードライバーや、居酒屋の主相手に、愚痴をこぼしたり泣き言をいったりするのはよくあることです。

いい運転手さんは、こちらがプライベートなことを吐露しても、余計なことはいわず、穿鑿もせず、そうですねーと穏やかに相槌を打つくらいです。

中島みゆきの『タクシードライバー』は、こうした場面を歌にしたという点で稀有な作品です。彼女がデビューして四年後の一九七九年に発表されました。すでに『わかれうた』や、研ナオコに提供した『あばよ』を大ヒットさせ、シンガーソングライターとして、スターの座を駆け上りはじめたころです。

『タクシードライバー』の歌詞は、いわばお客のつぶやきです。失恋したのか、気分はどん底。やけっぱちになって、酔っ払い、なにかを忘れるために騒ぎまくったあげくタクシーに乗る、というか拾ってもらう。そんな〝あたし〟が、泣き声混じりに歌う。

〝あたし〟は、疲れていて、歌はゆっくりと低い声ではじまり、タクシードライバーに語りかけるように思いを吐き出す。「やけっぱち」だから、「眠ったらそこいらに捨てていっていいよ」という。

こんな状況を、中島みゆき独特の節回しによる涙声が、全体は長調ながらマイナーな響きのカントリー・ソング風のメロディーにのります。

『タクシードライバー』よりも前に作られた彼女の作品に『時は流れて』という長い歌があります。やけを起こして、いくつもの恋を渡り歩く。そして、そのたびに心はみじめになる。自分はすっかり変わってしまったと自虐的になる。こうしたとことん哀しみの淵に落ちていくところを、必死に歌いあげています。

デビュー曲『時代』（七五年）や『糸』（九八年）のように、前向きな曲や温かい曲も素晴らしいですが、どちらかといえば彼女にしかない〝泣き節〟に惹かれます。

自暴自棄はさびしいもので、その最たるものは、「アカシアの雨にうたれて　このまま死んでしまいたい」とはじまる西田佐知子のヒット曲『アカシアの雨がやむとき』（六〇年）です。

『タクシードライバー』は、自暴自棄ではあるけれども、歌詞のなかの主人公は、酔っぱらってどん底にありながら、自分の心を見つめていた目をずっとタクシードライバーに向けてこういいます。

♪タクシー・ドライバー　苦労人とみえて
あたしの泣き顔　見て見ぬふり

視点の切り替えが見事です。ドライバーは、ほんとうは話を聞いているのに、何気ない野球の話などしてくれる。そういうやさしさを一方でこの歌は伝えています。そのドライバーのやさしさがあるから余計切ないのです。

20 インクの匂いに蘇る若い日

学生時代

ペギー葉山

ペギー葉山が二〇一七年に亡くなったとき、彼女の代表曲の一つである『学生時代』がテレビで流れました。久しぶりに聴いていて遠い昔に目にしたある光景を思い出しました。

この歌が発表されたのが、最初の東京オリンピックが開かれた一九六四年。男女の色恋を歌った演歌や歌謡曲が全盛のなかで、清純な学生生活をテーマにしたこの歌は、大人から子供まで幅広く親しまれ、その後も歌い継がれてきました。

ヒットしてから数年したころ、当時小学生だった私は、小学校のすぐ近くに住んでいました。あるとき家にいると、六年生の女子のグループが下校しながら、「♪つたのからまるチャペルで」と、みんなで歌っているのがきこえてきました。

木枠の格子状のガラス窓のある古い木造の校舎に沿って、木立が影を落とす石ころだらけの道を、少女たちは歩きながら大きな声で歌っていました。

『学生時代』は、キャンパスの光景をはじめ、当時の友人や先輩のことをあれこれと思い描き、そのころの自分の心情を振り返ります。学生時代を現在進行形で描いているのではなく、社会人の視点からその時代を懐古しています。

それを、あの小学生の女の子が好んで歌っていたのは、ひとつには、歌詞に描かれた学生生活の美しさへの、漠然とした憧れからではないでしょうか。これに加えて、大人が「良き時代を懐かしむ」気持ちと、その懐かしいという気持ちのなかにある切なさを、子供ながらなんとなく感じていたのかもしれません。

小学校の卒業を間近に控えたませた六年生なら、小学生時代を振り返り、時の流れになんとなく〝もののあはれ〟のようなものを感じることもあったのでしょう。大人でも子供でもその感情は変わることはなく、ただ大人になってからは、振り返る時代が多くなるだけともいえます。

『学生時代』の作詞、作曲は平岡精二。ヴィブラフォンなどを演奏するジャズ・ミュージシャンとして、また作曲家として活躍し、歌謡曲の世界にもしゃれた歌を残しました。青山学院大学出身の平岡が、青山学院女子高等部出身のペギー葉山のために書いたのがこの曲です。歌詞にも、ミッション系の大学である青学のキャンパスの光景が描かれています。

東京・渋谷の青山学院大の構内には、一九三一年に神学部の校舎として建てられ、のちにベリーホールと命名された建築物が、本部棟として残っています。国の有形文化財(建造物)にも登録されたこの建物のなかに、「チャールズ・オスカー・ミラー記念礼拝堂」があります。

歌いだしの「♪つたのからまるチャペルで」のチャペルは、この礼拝堂をモデルにしています。のちにベリーホールの前には、『学生時代』の歌碑がたてられ、亡くなったペギー葉山のブログのなかには、歌碑の前にたたずむ彼女の写真が掲載されています。

この歌が誕生した時代、日本はまだ西欧に対する憧れが強く、「つたのからまるチャペル」というフレーズは、すぐに若い人の心をつかみました。大学進学率がおよそ二〇パーセントだった時代。大学に行くこと自体がある種の特権を得ることでした。学ぶことに対する敬意や、学べることへの感謝が若者にはありました。

純粋なるがゆえ、社会や他人や異性との関係で悩み苦しむこともありますが、それも過ぎてしまえば懐かしい思い出だね、というように、『学生時代』は、学生でいられることの美しい側面を歌にしています。

「図書館」「ノートとインクの匂い」「本棚」「小説」「テニスコート、キャンプファイヤー」。良き学生生活を思い出したときに、目に浮かぶものがちりばめられます。いまはもうインクの匂いやテニスコートやキャンプファイヤーという言葉は、学生生活とは結びつかないかもしれません。それでも、いまの時代にこの歌を聴いた若い人のなかにも、なんとなくノスタルジーを感じる人はいるようです。友情や失恋、純粋なものへの憧れがこめられているからです。

青山学院女子高等部二年のときに米軍キャンプでジャズを歌ったのをきっかけに、歌手の世界に入ったペギー葉山は、一九五二年にデビューすると、五九年には『南国土佐を後にして』を大ヒットさせます。もともとクラシックの勉強をしてただけに、背筋の伸びた歌い方で歌謡曲からポピュラー音楽、ジャズなど、幅広い世代に愛される歌を披露してきました。また、有名ミュージカル「サウンド・オブ・ミュージック」の劇中歌『ドレミの歌』の日本語詞の作者としても知られます。

『学生時代』は、その後倍賞千恵子など多くの歌手によってカヴァーされ、元AKB48の演歌歌手、岩佐美咲もアルバムのなかでとりあげています。

夢、友情、恋愛・失恋、先輩・後輩、サークル活動など、三番までの歌詞の中に、まさに学生時代の素晴らしい要素が詰まっています。口ずさめば、良き時代への郷愁にかられます。が、同時に「昔はよかった」と思いながら、今と比較して少しさびしい気にもなります。

21　沖縄にまたも寄せ来る波と風

島に吹く風〜二見情歌

うないぐみ

沖縄県北部の辺野古の静かな海が、新たな基地建設のために埋め立てられています。一度埋め立てれば、二度と復元するのは不可能ですが、美しい自然の海浜を潰してまでも基地建設の方が重要だという政治的な判断の結果です。

美しく長い日本の海岸線は、近代に入って軍事施設をはじめ、工場や発電所、港湾、道路整備などによって開発されていきました。そして経済的な発展と引き換えに自然海岸は減少していき、その割合はいまではほぼ半分になっています。

辺野古の海の埋め立ては、この世で最たる必要悪のひとつである軍事基地というものの建設のかわりに、美しい自然を失うことの残酷さの表われでもあります。先の戦争では地上戦を経験し四人に一人が犠牲となった沖縄。戦後は米軍の占領下以来、軍があることによる犯罪被害、環境破壊、不自由な暮らしや精神的な屈辱、インフラ整備の立ち遅れといったいくつもの苦汁を味わってきただけに、いかに普天間飛行場の返還という〝交換条件〟があるとはいえ、海を埋め立て新たな軍事基地を造るということに多くの県民が「どこまで我慢しろというのか」という鬱屈した怒りを抱えているだろうことは、容易に想像できます。

♪辺野古恋しや　心の港　帰るその日を　また夢に見るよ

沖縄を代表する歌手のひとりである古謝美佐子をはじめとする女性四人のヴォーカルグループ「うないぐみ」が歌う『島に吹く風〜二見情歌』には、「辺野古」が登場し、沖縄のたどった苦難の歴史と、ふるさとへの思慕や、失われたものへの哀惜がにじみ出ています。

作詞は五木寛之、作曲は佐原一哉。平易ながら詩情あふれる言葉が、やさしいワルツのリズムにのる、親しみやすく美しい曲です。

うないぐみ四人のうち古謝、宮里奈美子、比屋根幸乃の三人は、一九九〇年に知名定男のプロデュースで結成された、沖縄音楽をポップな形で広めた伝説のグループ、ネーネーズの初期のメンバーです。グループを離れてからも親交のあったこの三人に、島袋恵美子が加わり、二〇一四年にうないぐみは結成されました。

「うない」とは沖縄の言葉で姉妹を意味し、「くむ」は「思いを込める」ときに使われる言葉だといいます。姉妹同然の熟練の歌い手たちが、思いを込めて歌うという気構えがその名に表われています。

うないぐみは、二〇一四年に最初のアルバム「うない島」をリリース。『南洋数え唄』や『サイヨー節』といった沖縄民謡二曲のほかは、公私ともに古謝のパートナーである佐原の作詞、作曲のオリジナルです。

民謡以外の曲でも、詞・メロディーとも沖縄色を前面にだしながら、バイオリン、チェロ、ギターなどを織り交ぜて、ポップなサウンドに仕上げているところは、『芭蕉布』など新たな沖縄民謡をてがけた、沖縄の作曲家普久原恒勇の作品を思い出させます。

アルバム全一三曲のなかの一曲が『島に吹く風〜二見情歌』です。比較的新しい沖縄民謡といわれる名曲『二見情話』に喚起されて五木がこの歌をつくった当初は、ただ『二見情歌』と名付けられました。古謝美佐子は、ソロとして活動していたころから、五木とは何度となく歌と講演でステージをともにした間柄で、五木から提供されたこの歌詞に佐原がメロディーをつけると、『二見情歌』の前に、五木の了解を得て「島に吹く風」をつけ『島に吹く風〜二見情歌』としました。

二見というのは、沖縄北部大浦湾の西に位置する集落で、そのすぐ南が辺野古です。当初の五木の歌詞では、「二見」となっていたところも、二見情話との混同を避けるのと、作曲当時、辺野古の新基地計画が問題になりはじめていたので、佐原が「辺野古」にかえた結果、「辺野古恋しや〜」となったわけです。

『二見情話』の詞は、美しい海、山と人情に感謝を込めて、終戦前後につくられたといいます。作詞は照屋朝敏で、作曲も彼によるものだと紹介されることがよくありますが、謎が多々あります。というのは、曲調は沖縄特有とはいえず、また旋律は、古賀政男の『嘆きの夜曲』に酷似しているため、これが原曲ではないかと、島唄や流行歌の専門家は指摘しています。

ＣＤで聴くうないぐみの『島に吹く風』は、古いラジオから流れてくるようなノイズ混じりの『二見情話』からはじまります。この陰を帯びた〝イントロ〟が終わると、一転して広い海に出たような、清々しいメロディーにかわります。だが、その清々しさには、どこか切なさが見え隠れします。

サビの部分でこう繰り返されます。

♪苦労重ねて　今日まで来たが　またも寄せくる　この波と風よ

さまざまな波風が、いまも沖縄にそして辺野古に吹きよせていることを示唆しているのはいうまでもありません。が、行間からは、「まだ耐えよと言うのか」という怒りと、「もうひとがんばりするか」といった逆風に立ち向かう覚悟を感じます。

22

さびしいひとり酒の街

横浜ホンキートンク・ブルース

エディ藩

人口約三七五万人（二〇二〇年一月）を抱えた横浜市のなかで、昔ながらの「横浜」といわれるところは、横浜港周辺の一帯です。この〝オールド・ヨコハマ〟を拠点に数年仕事をしていたことがありますが、春や秋のさわやかな夕は海沿いの空気が心地よく、港に突き出た大桟橋の界隈を散歩したものでした。

夕暮れ時の大桟橋からの景色は見事で、関内《かんない》の街の方に向かって立てば、右手にはみなとみらいのホテルや観覧車がまばゆい光を放ち、左手には博物館として保存されている氷川丸の船体が横たわっています。船から陸にあがれば山下公園となり、つづいて横に長く「HOTEL NEW GRAND」と読めるネオンサインが見えます。昭和の初期にできた港横浜の顔ともいえる「ホテルニューグランド」本館の灯です。

風情のある光景が広がりますが、この近くの山下埠頭にカジノができるとなれば、港湾文化都市の横浜にとってはなんとも興ざめなことになるのではと心配になります。やわらかい灯は、華美で俗な電飾によっておそらくかすんでしまうでしょう。

『横浜ホンキートンク・ブルース』のなかでは、「♪ニューグランドホテルの灯がにじむ」と歌われるモダンとレトロがまじりあった佇まいは、古い西洋建築が残る港ヨコハマでとりわけ目をひきます。大桟橋から、馬車道方面へ戻っていく途中には、かつて「オリヂナル・ジョーズ（Original Joe's）」というクラシックなイタリアン・レストランがありました。「♪飯を食うなら　オリジナル・ジョーズなんて……」と、これもまた『横浜ホンキートンク・ブルース』に登場します。

この歌に出てくる〝横浜〟は、懐かしく、歌い手は、酒を飲みながら過去を振り返ります。古い町にちなんだブルースだから、古い人間には居心地がよさそうです。「ホンキートンク（honky-tonk）」とは、アメリカの「安酒場」で演奏されるような音楽や、そこからイメージする雰囲気を意味します。クリント・イーストウッドが、やさぐれたカントリー・ブルースの歌手を演じた映画「ホンキートンク・マン」が、よくこれを表わしていました。また、ローリング・ストーンズの「ホンキートンク・ウィメン」も同じです。

ホンキートンクなブルースだから、気取らないのはいうまでもなく、難しいことを歌っているわけでもありません。ただ、なんとなくさびしさは漂います。古い横浜を思い出しながら、ホンキートンクなところでひとり酒を飲み、酔っぱらう。そんなしょうもない感じがでています。

作詞は俳優の藤竜也、作曲はエディ藩。藩は、横浜で生まれたグループサウンズ、ザ・ゴールデン・カップスのオリジナルメンバーとしてかつてギターとヴォーカルを担当。藤は北京生まれの横浜育ち、エディは生まれも育ちも横浜です。

この歌ができたのは一九七〇年代。グループを解散したころの藩は、柳ジョージや藤竜也とよく酒を飲んでいました。藩によれば、あるとき藤の前でつくりかけの歌のメロディーを口ずさむと、気に入った藤が詞をつけたのが始まりでした。その後、小さな居酒屋やバーが密集する、飲み屋街「野毛《のげ》」あたりで、杯を傾けながら詞はできあがっていったそうです。


ニューグランドホテルもオリヂナル・ジョーズも若き日の藤の思い出のなかに登場する場所で、藩は、初めてこの詞を目にしたとき「実在の固有名詞が多すぎる」と思ったそうですが、藤は「いいんだこれは横浜の歌だから」と返したといいます。

ヘミングウェイや、彼が愛飲したカクテル「フローズン・ダイキリ」なんていう言葉が出てくるところはしゃれていますが、これも藤の好みや体験から来ているようです。

こんな光景と言葉がかきたてるイメージが膨らみ誕生したのが、肩の力を抜いたブルースです。メロディーにとくにサビがあるわけではない。ルーズな気分がずっと続く、そんな歌だが、ねっこに酒飲みのさびしさ、わびしさのようなものが漂います。イントロはブルースハープです。

♪ひとり飲む酒　悲しくて
映るグラスはブルースの色

スローにこう歌いだし、「横浜ホンキートンク・ブルース」と、歌い上げて終わる。

オリジナルについで、多くの個性的なアーティストがこの曲をカヴァーしました。松田優作、原田芳雄、宇崎竜童、山崎ハコなど、〝濃い味の〟顔ぶれが浮かびます。特に松田優作のヴァージョンは秀逸で、シャウトするワイルドなブルースです。

もういまはその声を聴けない人もいますが、藩はずっと横浜をベースに歌ってきました。ある時、横浜高島屋での日本酒にちなんだイベントでのライヴで、ハイボールをのみながら歌い終わった彼に、横浜の魅力についてきいたことがあります。

すると彼はこういいました。「東京じゃ、三代続いてようやく江戸っ子っていうけど、横浜は三日いれば浜っ子だよ」。〝ハマ〟で生まれたこのブルースにも、わびしくもどこか自由気ままな空気が流れています。

23　束の間の淡いふたり

黄昏のビギン

ちあきなおみ

ある夏の遅い午後、日本海沿いにある青森県の小さな町の時計屋で、コーヒーをごちそうになりながら店主と談笑していると、ラジオから「♪雨に濡れてた　たそがれの街」ときこえてきました。ちあきなおみがうたう『黄昏のビギン』です。

ネオンライトの下の銀座の並木道を髣髴させる歌詞と小粋なメロディーを、遠く離れた田舎のまちできいていると、なぜか懐かしさがこみあげてみました。ゆっくりと時が流れる町に居て、時という篩《ふるい》にかけられても変わることのないスタンダード曲の魅力を感じたからでしょうか。

『黄昏のビギン』が、世に出たのは一九五九年ですから、時計店での時から六〇年も前のことです。作詞永六輔、作曲中村八大、歌ったのは水原弘で、シングル盤『黒い落葉』のB面に収められました。この三者の組み合わせでその三ヵ月前に発売された『黒い花びら』は、同年の第一回日本レコード大賞を受賞しました。無名の作詞家、作曲家である二人がいきなり大ヒットを飛ばしたわけです。続いての『黒い落葉』もヒットしましたが、『黄昏のビギン』はそれほど注目されることはありませんでした。

この「ビギン」とは、カリブ海の仏領マルティニーク島やセントルシア島で親しまれたダンス・ミュージックBeguineのことで、ボレロやルンバに似て、ヨーロッパにも伝わり流行します。

ビギンは、アメリカの作曲家コール・ポーターが作曲した『Begin the Beguine（ビギン・ザ・ビギン）』という曲よって広く知られるようになりました。語呂合わせで「ビギンをはじめよう」という意の曲は、一九三五年にミュージカル「Jubilee」で最初に使われ、のちに、エラ・フィッツジェラルドなど多くの歌手によってカヴァーされ、スタンダードナンバーになっていきます。

日本でも戦前からカヴァーされましたが、八〇年代にはスペインのポピュラー歌手、フリオ・イグレシアスが、ダンス・ミュージックから離れて、甘く滔々と歌いあげるアレンジで人気を博したこともありました。

戦前、ドイツ租界である中国・青島《チンタオ》で生まれ育った中村八大は、幼いころからクラシック音楽に親しみ、ピアノを習いやがてジャズに惹かれていき、早稲田大学在学中から半ばプロとしてバンドでピアノを弾きます。卒業後はピアニストとして、そして同じ大学の後輩でもある永六輔とのコンビでポピュラー音楽の作曲家として坂本九が歌った『上を向いて歩こう』（六一年）をはじめ数々の名作を残します。

音楽家として、コール・ポーターの作品にも出合い、『ビギン・ザ・ビギン』もみずから演奏しました。その一方で『黄昏のビギン』をてがけます。こうした中村の音楽活動とこの曲の誕生については、音楽プロデューサーで作家の佐藤剛による『黄昏のビギンの物語　奇跡のジャパニーズ・スタンダードはいかにして生まれたか』（小学館新書）に詳しく書かれています。

このなかで、作詞については、実はほとんどが中村の手によるものだということが、永六輔の言葉から明らかになっています。永の最初に書いた詞をもとに、というかきっかけに中村が曲想にあわせて作りなおしていったようです。その意味で中村の世界観がほとんどそのまま形となった作品といえます。ビギンがベースですからしゃれた洋楽的な一方、歌詞の効果もあってか日本的な情緒のある不思議な曲になっています。

詞はこんな光景を描いています。

〈黄昏時にしっとりと雨が降る都会の街。ぼやけたネオンの光の下を濡れながら歩く二人。やがて雨があがり、木陰で二人は初めてのキスをする。〉

ドラマチックな展開があるわけではないし、秘めた思いややるせなさがにじみでているといった、抒情的な詞ではありません。しかし、初々しい恋人同士の黄昏時の光景がまるで映画のシーンのように描かれています。オリジナルから三〇年以上たってこの曲を歌ったちあきなおみのヴァージョンを聴くと、しっとりとしていてなぜかある種の切なさを感じます。

『喝采』（一九七二年、日本レコード大賞）というドラマチックな歌で知られる彼女は、歌謡曲からはじまり演歌、ジャズ、そしてポルトガルのファドなどジャンルの壁を越えて、歌唱力と表現力を披露してきました。一九九一年に発売された『黄昏のビギン』では、肩の力を抜いて歌っています。

作曲家、服部隆之によるアレンジは、詞の世界に呼応しています。ギターのアルペジオがスローにやさしくながれ、間奏からはバイオリンなどストリングスが入り、雨が上がるように曲想が広がっていきます。他の多くの有名歌手もカヴァーしていますが、「♪雨に濡れてた〜」と、雨にかすんだ街にすっと溶け込んでいくような自然な歌いだしは、ちあきならではのものです。

メロディーラインを追うと、「♪雨に濡れてた」、「♪たそがれの街」の「てーたー」と「まーちー」という変化や、転調したあとのサビの「♪あのネオンが　ぼやけてた」の「ぼやけてーたー」というところに惹かれます。

一九九二年に夫を亡くしたちあきは、以来いっさいの芸能活動から退きます。しかし、彼女の歌を惜しむように、それ以後、過去の音源から断続的にいくつものCDが発売され、テレビでも特集番組が何度となく放送されるため、その歌声は忘れられることはありません。

とくに『黄昏のビギン』は、ネスレ日本のコーヒーのCMで使用されたことで、ちあきを知らない世代からの反応も大きく、徐々に知られるようになりました。

詞は、ほのぼのとして最後は美しく終わります。が、天気が変わるように、それも束の間の美しさだとしたら……。そんなことを無意識に感じさせるところが切ないのかもしれません。奥の深い、微妙な切なさが隠れた歌といえないでしょうか。

24

ささやかな幸せを抱きしめて

見上げてごらん夜の星を

坂本九

二〇一七年のＮＨＫの朝のドラマ「ひよっこ」を見ていて、有村架純演じる主人公のみね子やその友人、家族の健気な姿に、ときどきじんとくることがありました。

田舎から集団就職で東京に出てきたみね子たちは、トランジスタラジオを製造する会社で働いていました。しかし、東京オリンピックの翌年のこと、会社は倒産し工場は閉鎖。寮生活をしながら働いていた十代の彼女たちは、突然職場を去らなければならなくなります。不安が渦巻くなか、最後にひごろ余暇として親しんできたコーラスで声を合わせ仲間たちとの別れを惜しみます。

曲は『見上げてごらん夜の星を』。作詞永六輔、作曲いずみたく、歌は坂本九。永が作詞し中村八大が作曲、坂本が歌った『上を向いて歩こう』から二年後の一九六三年に、この曲はレコード化されました。ＮＨＫのドラマのシーンは、翌々年の六五年の設定でした。

♪見上げてごらん　夜の星を　小さな星の　小さな光が〜

ドラマのなかの彼女たちは、毎日朝から夕まで、工場の流れ作業のなかで小さな部品を基板にはめこみ、トランジスタラジオを作っていきます。稼いだお金は節約して故郷に仕送りです。

つましい生活のなかで、同じ境遇にある仲間とささやかな楽しみをもち、小さな夢を描いていく。職場のコーラスは、彼女たちの数少ない余暇だったのでしょう。そんな彼女たちの青春と、「小さな」、「ささやかな」、そして「名もない」という言葉が重なってきます。

最後は、夢を追いかけていこうという、前向きな形で盛り上がっていく。さわやかで健全すぎるくらい。でも、なんとなく切なさを感じるのは、頼りない存在を自ら抱きしめるような健気な姿勢を感じるからです。

『見上げてごらん夜の星を』は、もともと同名のミュージカルのなかで歌われました。当時CMの音楽づくりに追われていた、いみずたくは、CM音楽のヒット曲よりミュージカルが作りたかった。そんなときに永六輔から「ミュージカルを作ろう」と誘われます。

タイトルもすでに「見上げてごらん夜の星を」と決まっていました。定時制高校に通う働く若者たちを描いたシンプルなストーリーです。「ひよっこ」にも、みね子の仲間のなかに働きながら勉強を続ける女の子がいました。成績がよくても進学したくても、経済的な理由であきらめていた少年、少女が珍しくなかったころのことです。

永六輔に励まされ、劇中の作曲にとりかかったいずみたくは、疲れると、アパートの窓から夜空を見上げて、多くの人がやがて口ずさむことを夢見ながら、「見上げてごらん　夜の星を」と口ずさんだそうです。

一九三〇年東京生まれのいずみは、陸軍幼年学校在学中に終戦を迎えます。戦後はさまざまなアルバイトをして、苦労しながら演劇を学び、やがて本格的に音楽の道に進みます。一方いずみより三つ年下の永は、小さいころは病弱で、戦時中は長野県に疎開していました。戦後アメリカ映画に夢中になり、やがて早稲田大学在学中に放送作家の仕事をはじめ、売れっ子に。作詞家としては、『黒い花びら』や『上を向いて歩こう』の作者として有名になります。

太平洋戦争開戦直後に川崎市で生まれた坂本九は、高校時代からロックンロールに入れ込んでいただけあり、日本語の歌でも独特のグルーブ感を出していました。『見上げてごらん夜の星を』では、ヴィブラートを少しきかせて、まるで夜空を仰ぎながら歌っているようにきこえます。『上を向いて歩こう』同様、彼にしか出せない繊細な揺らぎを響かせます。

この歌はこれまで平井堅、夏川りみ、ゆずなど、多くのアーティストにカヴァーされてきました。時代や社会の大きな流れに飲み込まれそうだと感じたときや、自分がちっぽけな存在に思えるときは、誰にでもあるでしょう。そんなときに口ずさみたくなる歌ではないでしょうか。

参考：いずみたく『新ドレミファ交遊録　ミュージカルこそわが人生』サイマル出版会、一九九二年。

25　恋はまぼろしだったのか

オリビアを聴きながら　杏里

たいていのことには、始まりがあれば終わりがあります。始まりに比べれば終わりの方が、さびしかったり切なかったりする。だから、終わりは、切ない歌のテーマになるものです。人生の終わりという、はかない歌もありますが、もっとも多いのは男女の関係の終わり、恋愛の終わりでしょう。

こういうことは、古来から偉人、文人によってあれこれ考察されています。手元にあった古い名言集のなかに、こんな言葉がありました。

「恋はその始りがいつも美しすぎる。結末がけっしてよくないのも無理からぬことだ。（ドーマ）」

そんな世界をテーマにしたポップスが『オリビアを聴きながら』です。一九七八年、シンガーソングライターの尾崎亜美が、歌手杏里のために書いた曲です。印象的な歌詞が二ヵ所でてきます。

♪出逢った頃は　こんな日が
来るとは思わずにいた

この先を聴いていけばわかるように、「こんな日」とは別れのときです。別れを想像しながら、出会いに胸を弾ませるというのは、出会いと別れをそれなりに経験した年齢ならあるでしょうが、若いころはそんなふうには思わないし、思う余裕もないでしょう。

だから、終わりが来て初めて、それまでを振り返り、物事には終わりもあることに気づき、やるせない気持ちになるわけです。ユーミンの『リフレインが叫んでいる』に出てくる、「♪どうして僕たちは出逢ってしまったのだろう」という詞にも同じニュアンスがあります。

尾崎亜美は、この曲を書く二年ほど前にデビュー、七七年には化粧品のCMにも使われたさわやかな曲『マイ・ピュア・レディ』で一躍脚光を浴びました。第二のユーミンとも評価され、彼女のもとにはさまざまな歌手の側から曲を作ってほしいという依頼が来ます。

このなかのひとり、当時一七歳の高校生で、デビューしたばかりの杏里に『オリビアを聴きながら』を提供します。長身で健康的なかわいらしい杏里。曲作りのモチーフについてのちに尾崎は、あるテレビ番組で、

「(杏里は)かわいいでしょ。だからちょっとぐらいキツイことを言わせても大丈夫だと思った」と、話しています。

タイトルにある「オリビア」は、当時人気のあった歌手オリビア・ニュートン=ジョンのこと。日本語では『そよ風の誘惑』として知られる『Have You Never Been Mellow』などの大ヒットで知られた

彼女は、美人で健康的で声もいいという文句のつけようがないスターでした。はつらつとし、さわやかなイメージのある彼女には『Making Good Thing Better』という曲がありますが、この言葉は「オリビアを聴きながら」にも登場します。

オリビアのイメージをもって、杏里もやさしくスローに歌いだし、メロディーは陰影のあるしゃれた展開をみせます。女性の心をしっとりと歌い上げているのかなと、最初は感じるのではないでしょうか。しかし、よく聴けば女性からのかなり強いメッセージであることがわかります。それが尾崎のいう「キツイ」という意味です。なにしろ、「もう、二度と電話をかけてこないで」といっています。

印象的な歌詞の二つ目は、さよならをする相手への台詞で、三度も繰り返されます。

♪疲れ果てたあなた　私の幻を愛したの

「あなたは疲れていて　あなたが愛していたのは、本当の私じゃなくて、私の幻なのよ」とは、ずいぶん冷めたいい方です。別れを切り出す際の都合のいい台詞とも聞こえますが、それはいい出した方に跳ね返ってきます。自分もまた、相手の本質を見ていなかったからです。

同じころオフコースが『秋の気配』（作詞・作曲小田和正）のなかで、「♪こんなことは今までなかったぼくがあなたから離れてゆく」と、歌いました。これも別れたいのは自分の方なのだが、自分もまたさびしいんだと。正直といえばそうですが身勝手ともとれる台詞です。

最初の話に戻れば、別れたくてつきあう人はいない。だから別れをいう方も切ない気持ちに変わりはない。しかし、「あなたが愛したのは私の幻よ」という言葉。いわれた方がそれはさぞさびしいでしょう。

26

いまも探し続けている

One more time, One more chance

山崎まさよし

何かを、あるいは誰かを探し続けるというのは切ないものです。まして見つかるかどうかわかないのに、探し、追い求めるのは痛々しい。

「探し求める」ことは、歌詞にもよく表わされることがあるし、歌のテーマそのものにもなっています。例えば、ボブ・ディランの代表曲『Blowin' In The Wind（風に吹かれて）』（一九六三年）も、「どれだけ人が死んだら　あまりに多くの人が死んだと気づくのか」など、いくつもの問いかけをし、その答えを探し続けています。だが、答えは風のなかです。

アイルランドのロック・バンドU2が、『風に吹かれて』と同じように全世界でヒットさせた『I Still Haven't Found What I Am Looking For』（八七年）も似ています。日本語では『終わりなき旅』としてリリースされたこの歌は、必死に生きて、世の中の愛も、邪悪なものも見てきたが、タイトルの言葉そのもののように、「探しているものはいまだに見つからない」と繰り返します。

一方、いい加減探すのはやめたらどうかと歌うのが、「探しものは何ですか」とたずねる井上陽水の

『夢の中へ』（七三年）です。

なにを探すのかといえば、愛しい人の場合が多いでしょう。一九七〇年代、八〇年代に放映されたテレビドラマに、恨みを晴らし、悪を懲らしめる「必殺シリーズ」という人気時代劇がありました。その第四弾「暗闇仕留人」の主題歌で、ヒットした『旅愁』がそういう歌でした。

「♪あなたをさがして　此処まで来たの」と、はじまり、結局その人はいないという哀しい終わりかたをします。作詞片桐和子、作曲平尾昌晃。歌ったのは当時一四歳の西崎みどりです。初々しい声が、必死に誰かを探し求めるようにきこえたものでした。

探し続ける歌のなかで、もっとも切なく心に響くのは、山崎まさよしの『One more time, One more chance（ワン・モア・タイムワン・モア・チャンス）』です。

♪いつでも捜しているよ　どっかに君の姿を〜

心の内を明かすように、この言葉が繰り返されます。おそらく、ずっと思いを寄せていた人のことなのでしょう。時は過ぎてしまったが、いつも、もしかしたらあの人はこのあたりにいるんじゃないか、と思ってしまう。こんなところにいるはずはないとわかっていながら。

たとえば、電車を待っているときの駅のホーム、信号待ちの交差点、踏切の前、そして夜を明かした街の中に。

旅先でもそんな気がするし、新聞の片隅に出ていないかと目をやってしまう。夢のなかでも探してしまう。だからもしも、奇跡的にもう一度会うことができたら、今度こそ、ぼくは……。


山崎まさよしは、一九七一年一二月に滋賀県で生まれ山口県防府市で育ち、のちに上京してからライヴハウスで歌うようになると新曲が必要になり、この歌をつくりました。二一歳のころです。不安だった時期でもあり、当時のことをこう語っています。

「上京してからの桜木町時代、ちっちゃいギター買って、マネキン運びのバイトに持っていって公園で弾いてました。たぶん不安を打ち消すために弾いていたんですね。楽曲を作るのが苦しいときもありましたけど、完成したときの満足度を思うと、つい仕上げたくなるんです*」

また、このころ、実際に彼の心のなかで探し求めていた人がいて、その人に対する思いがモチーフになっていたといいます。


『One more time, One more chance』は、一九九七年一月にシングルとしてリリースされますが、彼が初主演した映画「月とキャベツ」（篠原哲雄監督、九六年）の主題歌にも採用され、ヒットしました。

高校時代に手がボロボロになるほどギターを弾いて、天性のソウルフルな歌唱力をもって、弾き語りの世界で生きてきた彼は、実生活では若いころからバイトなどを重ね、生きる力を培ってきました。そのたくましい手で、弦をやさしく鳴らしたイントロから静かにはじまる、誰かを探す声は、陰を帯びたメロディーを追い、思いを繰り返しているうちに、徐々に心から溢れそうなほど力強くなります。

ギター一本のシンプルなヴァージョンはもちろん原点ですが、オーケストラをバックしたライヴ・ヴァージョンは、感情の高まりがサウンドと一体となり、切なくも美しい世界が広がります。

＊ハービー・山口『bridge 22 LP 山崎まさよし×ハービー・山口』ソニー・マガジンズ、二〇〇一年。

27 若さゆえの身悶え

JAM

ザ・イエロー・モンキー
THE YELLOW MONKEY

自己否定の暗闇から理想を見い出そうとした昭和の作家高橋和巳が、青春についてこんなことを書いていました。

「おもてだって、犯罪を犯したり、なりふりかまわず転向したり、人に取り入ったりする人はそう多くはない。しかし、ひそかに心中に、権威に屈服し、自己の利益のみを打算するようになってゆく人は少なくない。むろん青年期にも打算はあり、裏切りはあり、屈服はある。だが、彼らは打算や裏切りや屈服を、当然のことだとは少なくとも考えない。その一点によってのみ、すべての未熟さは償われる。」（「自立と挫折の青春像――わが青年論」一九六六年）

二〇一六年に再結成して話題を呼んだロック・グループTHE YELLOW MONKEY（ザ・イエロー・モンキー）の『JAM』（一九九六年）という歌を初めて聴いたとき、半世紀以上前の高橋の青春論を思い出しました。

静かに始まり、徐々に高まりを見せるこの歌は、若さゆえの心の悶えを吐き出しています。孤独な夜に世の中の不条理に気づき、その不安のなかで「きみ」を求める。最後のサビの部分、語るような詞が心に突き刺さります。

♪外国で飛行機が墜ちました　ニュースキャスターは嬉しそうに
「乗客に日本人はいませんでした」「いませんでした」「いませんでした」
僕は何を思えばいいんだろう　僕は何て言えばいいんだろう

作詞・作曲したヴォーカルの吉井和哉が歌い上げるこの詞から、若さゆえの純粋さといらだちのようなものが伝わってきます。

……日本人がいなかったことはいいことなのだろう。でも、なんか変じゃないか。自分のことは大事だけれど、でも誰かが傷ついている。

自己の利益のための打算は若くてもある、でもそれを当然だとは思えないから悩む。そんなとき、どうしたらいいのか。その答えを吉井は切ないほどに訴えます。「♪きみに会いたくて明日を待つ」と。不条理への懊悩を受け止めてくれるのは、難しい理屈などではなく「きみ」なのだと。ここに世の中と自己と「きみ」とのつながりがあります。

この点、井上陽水の『傘がない』（七二年）は、似て非なるものです。陽水は、「若者の自殺の増加や、わが国の将来が問題になってはいるけれど、自分にとっての今の問題は『きみ』に会いに行く傘がないことだ」と歌います。今なら当たり前のことかもしれませんが、学生運動の残り火のなかで、まだ若者が政治・社会問題にあつかった時代。逆にこの詞に新鮮さを感じた人も多かったようです。

今の時代はどうでしょう。アメリカのトランプ大統領の「アメリカ・ファースト」の言葉に象徴されるように、他者はどうなろうと「自分（自国）が一番大事」と大手を振ってはばからない風潮が頭をもたげています。確かに自分は大事ですが、でもそれだけでいいのか。「JAM」の言葉が浮かんできます。

ザ・イエロー・モンキーは、一九八九年に吉井をはじめ廣瀬洋一（ベース）、菊地英二（ドラム）、菊地英昭（ギター）の四人によって本格的な活動を開始。デヴィッド・ボウイなどに象徴される七〇年代のグラムロックの流れを汲んでいます。

楽曲は、ファンタジックで物語性の濃いものや、『JAM』のようなメッセージ性のあるものが印象的ですが、全体として歌謡ロック的な懐かしさや親しみやすさがあります。これをミック・ジャガーのようなワイルドさを持つ、吉井のヴォーカルがきかせます。二〇〇一年に活動を休止し三年後に解散。惜しまれての解散だけに再結成は大きな話題を呼びました。

数多くのヒットのなかでも彼らにとって特別な存在であるという『JAM』は、九六年にシングルとして発表され、八〇万枚を超えるヒットとなりました。二〇一六年の紅白でも披露されました。曲の誕生について吉井はこう言っています。

「ある日自分が抱いている不条理を、全部紙に書いてそれに曲を乗せた七分近いバラードを作った。」

テレビでの放送は、一時は憚れるとも危惧されたこの曲の成功の裏には、その数年後に急逝した、彼らのコロムビアレコード時代のプロモーション担当で、同士でもあった中原繁の存在もありました。

参考：THE YELLOW MONKEY『THE YELLOW MONKEY COMPLETE BURN』ロッキング・オン、二〇〇五年。

28 地吹雪に聴く涙の津軽三味線

津軽じょんから節

高橋竹山

冬の津軽平野をレンタカーで走ることになったとき、地元の人から「吹ぐから気をつけて」といわれました。「吹ぐ」とは地吹雪が舞うことをいいます。実際、五所川原市あたりの平地を行くと、降る雪に加えて、地上の雪が強風に煽られて渦を巻くように舞っていました。前方はほとんど見えないくらいです。

これが「吹ぐ」ということのようでしたが、高橋竹山（初代）の津軽三味線の音色を聴くと、いつもこの地吹雪の光景が浮かんできます。とくに『津軽じょんから節』や『よされ節』といった、津軽三味線らしさが表われている曲は、「ビン、ビン」と、撥《ばち》にはじかれ響く弦の音のつらなりが、風に舞う雪景色を連想させます。

端正な力強さの一方で、ギターの奏法でいえば、ハンマリングやプリングオフという、弦を押さえる方の指で、弾いたり離したりして小刻みに変化させる音が、激しさとさびしさを表わしているようでもあります。

津軽三味線の名人は数多くいますが、民謡の域を越えて最初に全国的にその魅力を伝えたのは高橋竹山でしょう。八七歳で亡くなるまで、三味線を弾き続けました。

明治四(一九一〇)年、陸奥湾に面した青森県東津軽郡中平内村(現・平内町)で生まれた竹山(本名定蔵)は、二歳になるころ、麻疹(はしか)をこじらせたのが原因で半失明となります。数えで一五のときに師匠の家に住み込み三味線を習いはじめます。目の見えないものとして選ばざるを得なかった道でした。

まもなくして門づけといって、家々の前に立ち三味線を聴かせて、わずかの米や金を得る盲目の旅芸人(ボサマ)となり、旅から旅へと渡り歩きます。北海道をぐるりと回った時もあれば、昭和八(一九三三)年には、三陸の大津波にも遭遇しています。

ボサマの生活は、施しを受けるようなもので、蔑まれることもあれば、警察官にいじめられることもありました。辛く、苦しく、いかにみじめだったか、口にすらできないことも多々あったと竹山はいいます。

親に心配されて一九の時に、一七の娘と結婚。竹山が三味線を弾き、妻が唄います。子供ができてからは、幼子を背負いながら門づけをしましたが、あまりの生活の苦しさに、このままでは共倒れしてしまうと恐れをなして、別れざるを得ませんでした。

「可哀相だったけどこっちも情けなくて、切なくて。したけどどうすもなねべ」と、ころのことを竹山は話しています。

唄会の興行の一員として樺太に渡り、浪花節の一座として戦前は満州にも同胞の慰問に出かけました。三味線では糊口をしのぐことすらできないと思い、いったんは生活する術を三味線以外のものに探ります。が、戦後、津軽の民謡の名人、成田雲竹から誘いを受け、伴奏者として活動したことがきっかけでやがて独り立ちし、独奏のレコードを出すまでになります。一九七三年には、前衛的な小劇場といわれた渋谷のジャン・ジャンでライヴを行い、翌年青森市で演奏生活五〇周年の記念独奏会を開きました。当時ジャン・ジャンで竹山を聴いた友人によると、竹山の三味線の音は、それまでの会場の空気を一変させるほど衝撃的だったそうです。

ジャン・ジャンでのライヴは、アルバム「津軽三味線」で、青森市での独奏会は同じく「魂の響き」で聴くことができますが、ともにステージでの語りがそのまま収録されています。冗談をまじえて辛かった時代や、三味線について、そして音楽についての津軽弁での語りは実に味わい深いものがあります。

その気さくな人柄に、三〇年近く前、私は接する機会を得ました。陸奥湾のホタテ漁などの取材で平内町を訪れたとき、現地が竹山の故郷だと思い出し、「竹山さんはここに住んでいるんですか」と地元の漁師に聞くと「ああ、すぐそこが家だよ」といいます。ぶしつけながら訪ねてみると、気持ちよく受け入れてくれ、しばらく音楽の話をしました。

「どこの音楽もいいが、最近は中国の音楽などもいいですね」と、語っていたのを思い出します。民謡の世界だけでなく、楽器・音楽に対しては広く心を開いている人でした。

その一方で、津軽ならではの三味線と民謡を守ろうという固い意思の持ち主でもあります。

「民謡というものは百姓のうただ。なにもかざりもない。百姓が働くような熱の入った唄を下手でもいいからやればいい。それしかできないのは仕方ない。ただ涙の入った、気持ちのある、なるほどというところをやれ、とおらわは若い人にいっている」*。

竹山がいう涙、あるいは竹山の三味線の響きの切なさというものは、口にはできないほどの辛苦を味わった門づけ時代の経験とは切り離せないものでしょう。竹山の音楽を長年にわたって全国に紹介することに尽力した佐藤貞樹は、少年期の竹山に思いを馳せこう書いています。

「好きで選んだ三味線の道ではなかった。私には、そうするしか生きる手だてがなかったこの目の見えない少年のせつなさが、いまも竹山の三味線の深い底の方からかすかに聞こえてくるように思える」。

（「津軽三味線」のライナーより）

＊高橋竹山『自伝　津軽三味線ひとり旅』新書館・新装版、一九九七年。

29

辛いときをのり越えればいつか

サボテンの花

財津和夫

冬の中でもとりわけ長く冷たい冬を迎えたの年のこと、北陸の知人は、暖房費が例年の倍だと閉口し、東北の友人は「こうずっと雪が続くとさすがに嫌になる」と、参ったとばかりの顔をしました。厳しい冬がはやく終ってほしい、終われば何かいいことがあるかもしれない。そんな思いに駆られたことはないでしょうか。

♪この長い冬が終わるまでに……

『サボテンの花』のサビの歌詞の一部です。一九七五年、福岡出身のバンド、チューリップの八枚目のシングルとして発表されたこの歌は、切なさと清々しさをあわせもっています。

スターバックスなど、チェーン店のコーヒーショップがどこの町をも席巻する前のこと。商店街や駅のそばにはたくさんの「喫茶店」がありました。私が住んでいたまちにも、いくつもこうした個人経営の喫茶店があり、有線放送からエレキギターのアルペジオのイントロが印象的なこの曲が流れていたのをおぼえています。

あとで考えれば、リリースされたのが二月ということもあったのでしょう、春を前にして、しんみりとしたこのメロディーと歌詞が脳裏に焼き付いたのかもしれません。

しかし、ヒットという点では、チューリップの名前を一躍有名にした『心の旅』（七三年）に比べれば小さな波でした。それが世代を超えて知られ、メジャーになったのは、九三年に放映されたテレビドラマ「ひとつ屋根の下」のおかげといえます。

江口洋介が主演し、家族、兄弟愛をテーマにして高視聴率をあげたこのドラマの主題歌につかわれたことで、オリジナルを知らない世代からも支持されました。ただ、このときチューリップはすでに解散していて、流れたのはこの曲の作詞・作曲をてがけたチューリップのリーダでもあった財津和夫のヴァージョンでした。このあと、チューリップは何度か再結成され、バンドのなかで財津はまた『サボテンの花』を歌います。

♪ほんの小さな出来事に　愛は傷ついて　君は部屋をとびだした……

このはじまりで、あ、別れの歌だとわかります。そのあと「手袋」、「洗濯物」といった二人の暮らしのなかの小さなものが歌詞に登場するあたりは、『神田川』のような〝四畳半フォーク〟といわれた曲が醸し出す生活の匂いがします。

しかし、チューリップと財津のサウンドは、当時のフォークともロックとも違って、メロディーラインを大切にしたポップなものを目指していました。財津が敬愛してやまないビートルズ、それもメロディーメイカーであるポール・マッカートニーから多大な影響を受けていました。「もっと愛せばよかった」と、別れを後悔するような歌詞の内容について、財津はのちに自分の体験が一部もとになっていると語っています。

また、曲作りの点で、七四年に山本コウタローとウィークエンドがヒットさせた『岬めぐり』（作詞山上路夫、作曲山本厚太郎）に影響されたといいます。

『岬めぐり』の『くだける波の、あの激しさで……』にインスパイアされて、『絶えまなく降りそそぐ、この雪のように……』という歌詞を思い付いたんです」と、財津は明らかにしています。『岬めぐり』は、岬を訪ねて心を癒したら、旅を終えて街に帰ろうと歌っていますが、『サボテンの花』も、最後は、冬が終わるまでに何かを見つけようと前を向いています。

あるアルピニストが、山登りに惹かれる一つの理由として、この山を登り終えたら何かいいことがあるのかも知れないと思えるからだといっていました。冷たい冬に限らず、さまざまな辛いことが世の中にはある。だが、これを乗り切れば……。切なさをかみしめながら〝春〟を待つこのころに聴くと『サボテンの花』は胸に沁みます。

参考：『自伝的コラム「この道」』東京新聞、二〇一五年。

30　温かく包んでくれた人

ひだまりの詩

ル・クプル
Le Couple

あるとき那覇市内の居酒屋で、「切ない歌」についてカウンターで知人や隣りのご常連と話していたら、「うまくいえないんだけど、なぜかあの歌を聴くと切なくなります」と、三十代の店のおにいさんがいいます。それが『ひだまりの詩』でした。

一九九七年、二人組のLe Couple（ル・クプル）が大ヒットさせた、辛さと優しさを重ね合わせたような歌です。「なぜか切ない」と、居酒屋の彼が思ったのは、シンプルにきこえて実は奥が深いからでしょう。

♪逢えなくなって　どれくらいたつのでしょう

というはじまりで、別れか、失恋を歌っています。このあと、離れていった人への思慕と、離れてしまったことへの後悔めいた言葉があります。しかし最後は、辛さや悔いを越えていこうという決意が現われます。辛いけど前を向くわけです。

繰り返されるコーラスの最後の八小節にその姿勢は凝縮されています。

♪あなた愛してくれた　全て包んでくれた
　まるで　ひだまりでした

「ひだまり＝日溜まり」という言葉は、ガラス越しに日がずっとあたっている縁側のような、ほっとするぬくもりを連想させます。別れた人はそんなぬくもりで自分を包んでくれた。「ひだまりでした」と過去形で言っているので、よかったころを振り返っています。しかし、そこには未練のようなものはなく、むしろ感謝の気持ちがにじみ出ています。

この情感を高めているのは、落ち着いた優しいメロディーであり、健気な感のあるヴォーカルです。悲しいけれど必死に前を向こうする姿勢を、生成りの布地のような質感を持つ自然な声が表わしています。

この歌は、一九九七年にフジテレビで放映されたドラマ「ひとつ屋根の下2」のなかで登場しました。本来公式の挿入歌ではなかったようですが、徐々に視聴者の心をとらえ、やがて存在感を高めドラマの枠から飛び出していきました。

作曲は、数多くのテレビドラマ曲などをてがける日向敏文で、水野幸代が詞をつけました。これを誰が歌ったらいいだろうか、という話になったとき、ドラマ担当のプロデューサーが、ル・クプルに白羽の矢を立てました。

藤田隆二、恵美のル・クプルは、一九九四年、かつてラジオ放送で活躍したモコ・ビーバー・オリーブの三人娘の『海の底でうたう唄』をカヴァーしてデビュー。この曲をはじめ、由紀さおりの『生きがい』など、六〇〜七〇年代のフォーク、ポップスのカヴァーアルバム「hide & seek」をリリースします。これを聴いて、女性ヴォーカル（藤田恵美）が記憶に残っていた先のプロデューサーが、『ひだまりの詩』にふさわしいと感じたそうです。

このヒットで有名になったル・クプルですが、二〇〇五年に活動を中止し事実上解散、ユニットのプライベートな関係も終わりました。藤田恵美はその後ソロ歌手として活動を続け、洋楽のスタンダードやポップスをカヴァーしたアルバム「camomile（カモミール）」シリーズをヒットさせます。また、昭和歌謡からニューミュージックの有名曲をカヴァーしたアルバム「ココロの食卓〜おかえり愛しき詩たち」をリリース。その後は、がらりとイメージを変えて、演歌・歌謡曲の世界にも挑戦し別の顔も見せています。

こうしたさまざまな歌をこなしてきましたが、『ひだまりの詩』は、ソロアルバムのなかにも収録されているように、彼女にとってはいつまでも歌い続ける特別な歌のようです。

「私自身はこの歌を、特定の誰かを想定したわけではなく、ひだまりをくれたような人のことを思って歌っています。この歌を好きだといってくれたたくさんの人も、みなさんそれぞれのひだまりを思って聴いてくれたそうです。そのへんが、幅広い年齢層に受け入れられた理由ではないでしょうか」

藤田恵美はこの歌の魅力をこう私に話してくれました。この歌そのものが、聴く人にとって「ひだまり」のようだったのです。

31

さよならを大阪の海に捨てて

悲しい色やね

上田正樹

「ご当地ソング」というものがあります。歌謡曲などで歌詞に特定の地名や名所などを入れ、その土地の文化や持ち味などを背景にして、郷愁や思慕などさまざまなテーマを設定した歌です。例えば、『思い出のサンフランシスコ』。

「♪I left my heart in San Francisco～」とスローにはじまる歌は、霧がかかる坂の街の光景が、思い起こされます。ずいぶん昔に聞いた話ですが、サンフランシスコに赴任した日本の会社員はたいてい覚えて帰国するとか。日本でのご当地ソングでは、『函館の女』や『ブルー・ライト・ヨコハマ』など演歌・歌謡曲のジャンルで数多くつくられています。舞台となる土地は、たいてい詩情豊かな港町や古都が多いようです。

だからといって必ずしもその土地のいい面ばかりをとらえているとはかぎりません。古くは内山田洋とクール・ファイブの『東京砂漠』で歌われたように、大都会ならではの殺伐とした雰囲気や人々が抱く孤独感を背景にしたものもあります。

では、同じ大都会である大阪のご当地ソングはどうかというと、思い出すのが海原千里（上沼恵美子）・万里が歌った『大阪ラプソディー』です。大阪らしさを反映し、気取らない明るさがテーマになっています。また、これとは反対にさびしげなブルースもあります。

全国的に見て大阪ではブルースが好まれると、以前レコード会社の人にきいたことがあります。誤解を恐れずにいえば、泥臭さがあるゆえに人間らしさがにじみ出る土地柄の大阪だからブルースという気取らぬ音楽が似合いそうです。大阪色のあるブルース的な歌といえば、『悲しい色やね』と『大阪で生まれた女』でしょうか。ともに関西弁が詞のなかで使われます。

「♪ホーミタイト(Hold me tight) 大阪ベイブルース」と、繰り返す『悲しい色やね』はタイトルに大阪臭がでています。

「♪今日で二人は終わりやけれど……」と、別れを歌います。

「なんでやねん」とか「○○でっしゃろ」とか、軽妙で、どこか人を食ったようなところがある関西弁は、軽くいなしているような言葉だからこそ、しんみりとしたことをいわれると逆に切なさが際立ちます。

『悲しい色やね〜OSAKA BAY BLUES』は、上田正樹が歌い、一九八二年にリリースされ翌年ヒットチャート一位にのぼりつめます。京都市出身の彼は、七四年に上田正樹とサウストゥサウスというバンドを結成し、歌手として、ソングライターとして、R&B、ソウル色の濃い作品を世に送り出してきました。七六年にバンドを解散してからはソロとして活動してきましたが、当初は売れませんでした。その後このヒット曲が生まれる経緯については、日本のポップスに詳しい音楽評論家、富澤一誠の『J-POP　名曲事典300曲』（ヤマハミュージックメディア、二〇〇八年）に記されています。

当時のレコード会社のマネジャーが、上田のハスキーヴォイスを生かした作品をと考え、何人かの作曲家に依頼。そのうちのひとりが林哲司で、できあがったメロディーは依頼通り、上田に似合ったバラードでした。次にこのメロディーにのせる詞が康珍化に依頼されましたが、康は関西弁で、それも女性の立場からの言葉として作詞しました。こうして言葉には泥臭さ、人間臭さがにじみ出る一方で、メロディーとサウンドはしゃれた曲となったわけです。さらにこれが、上田のハスキーヴォイスとブルージーな歌い方によって独特の切ない味わいを出しました。

詞ができあがった当初、スマートなポップスを志向していた林は、気に入らなかったようですが、のちに多くの人に受け入れられたことで思い直したといいます。

女性の側からの言葉で、最後は大阪湾を前にして「今日でふたりは終わり」というのだから、大阪の海は悲しい色になるわけです。

それでも、最後に「♪あんたあたしのたったひとつの青春やった」と、納得するようにかみしめます。メロディーも最後は余韻を残しているところが心憎い。この点は『なごり雪』の終わりと似ています。

ライヴでこれを歌い続ける上田は、二〇〇七年に「OSAKA」というベストアルバムを出しています。このなかではオリジナルとはひと味違い、むせび泣くギターをバックに歌うしっとりした『悲しい色やね』を聴くことができます。

32

バラは散ってしまったけれど

バラが咲いた

マイク眞木

日本でフォークソングが流行りはじめた一九六〇年代後半、『バラが咲いた』は象徴的な歌でした。一九六六年、当時新人のマイク真木（眞木）がギターを弾きながら、語りかけるように歌う姿はさわやかで、優しいメロディーと素朴な歌詞が一体となって、この曲の清廉なイメージが形作られました。折からのフォークブームで、若者の間では、音楽がそれほど得意でないものもギターを手にしだした時代、この曲はシンプルなコード進行と歌いやすさで、最初の練習曲として取り上げられたものでした。

フォークの魅力の一つは、自作の曲を自ら楽器を奏で歌うという、これまでの歌謡曲にはないスタイルにありました。自分が言いたいことを歌に託し、時に世の中に訴えました。この点からすると、『バラが咲いた』は純粋なフォークとは異なります。作詞・作曲は、すでにいくつもの流行歌を世に送り出したプロの大作曲家であるハマクラこと浜口庫之助で、きれいにまとまっているこの歌は、モダン・フォークともいわれました。

一九一七年、神戸市生まれの浜口は、幼いころから洋楽に親しみ、戦前から音楽活動をはじめ、戦後はバンドを組んでジャズブームのなか歌手として脚光を浴びました。のちに作詞・作曲家に転身し、

『愛して愛して愛しちゃったのよ』（田代美代子＆和田弘とマヒナスターズ）や『夜霧よ今夜も有難う』（石原裕次郎）などのヒット曲をてがけます。

ほとんどが歌謡曲ですが、『バラが咲いた』や『涙くんさよなら』『花と小父さん』といった、ラヴソングとは無縁のさわやかさと切なさをあわせもつしゃれた和製ポップスもヒットさせました。伊東きよ子や植木等が歌った『花と小父さん』は、メランコリックなメロディーにのせた花の命の短くて儚いさまの物語です。坂本九らが歌い英語バージョンもでた『涙くんさよなら』は、前向きな歌詞ですが、「♪この世は悲しいことだらけ」という歌詞に象徴されるような哀感も含んでいます。

これらに比べて『バラが咲いた』は、大人の歌謡曲のなかにあっては新鮮だという印象があるものの私は、正直言って「♪バラが咲いた　バラが咲いた　まっかなバラが……」からつづく歌詞に、優等生っぽい退屈な歌だなと当時は思いました。しかし、それから何十年か経ってあらためて『バラが咲いた』をきいてみると、妙な哀感があるのに気づきました。

「僕の心にいつまでも散らないまっかなバラが咲いた」と、ハッピーエンドにはなっているものの、その途中での「バラは散ってしまい、僕の庭は前のように淋しくなった」という詞やメロディーラインの一部に陰を感じるのです。

ところで、『バラが咲いた』は、サン＝テグジュペリの「星の王子様」のなかに出てくるバラの話がモチーフになっているといいます。この本の主人公が砂漠で出会う王子様は、自分の星に咲いたお高くとまったバラの花との感情のもつれから星を出て旅に出ますが、さまざまな出来事や人に出会うなかで、あのバラが大切な存在であることを思い知るようになります。同時に、「はかない」ということの意味を花の命から感じるようになります。このことを知ると、シンプルな歌詞の背景にもハマクラならではの世界観があったことが想像できます。

『バラが咲いた』は、メロディーもまた、明るさのなかに微妙にさびしさを感じさせる部分があります。「バラが咲いた」という詞がついているから明るくきこえますが、「バラが散った」という詞になると、とたんにさびし気にきこえるから不思議です。おそらくメロディーだけを聴けば、違った印象になるのかもしれません。

実は、この歌はロシアのサンクトペテルブルク第八三番学校の校歌にもなっているそうです（外務省HP「世界の学校を見てみよう」）。この学校が「バラの学校」として日本語や日本の文化を多く取り入れているというのが理由の一つのようですが、メロディーラインがロシア人の情感に入り込みやすいということもあったのでしょう。

ロシアでは、日本の双子姉妹ザ・ピーナッツの『恋のバカンス』という激しくもマイナーなメロディーの曲が大ヒットしたことがあります。長年ロシアで暮らした日本人ジャーナリストによれば、「日露の歌の好みが、一つの轍にハマる現象のキーワードは、『センチメンタル』かもしれない」といいます。さまざまな点から、『バラが咲いた』がどこか切なくきこえる理由がわかるような気がします。

二〇一五年マイク眞木はハマクラ作品をカヴァーしたアルバム「ハマクラづくし」を発表しています。

33 人々のなかで感じる孤独

化粧直し

椎名林檎

「孤独」は切ないかと問われれば、かならずしもそうではありません。生涯独身を貫いている知人がいってました。「さびしくなければひとりが一番。ひとりならなんでもひとりで決められる」。自分自身と仲良く過ごしていければ煩わしさもないし、それにこしたことはないというのです。

歌の世界でも、フランスの吟遊詩人ともいわれたジョルジュ・ムスタキが『私の孤独（Ma Solitude）』のなかで、「私は、自分の孤独と一緒にいるから　ひとりじゃない」と、うまいことをいっています。

しかし、そもそも孤独という言葉の意味には、さびしさが含まれます。孤独とは「頼りになる人や心の通じあう人がなく、ひとりぼっちであること。さびしいこと。また、そのさま。孤独な生活、孤独な生涯、天涯孤独」（『大辞林』）とあります。こうなると、やはりひとりぼっちはよくても、孤独はいやかもしれない。

若いころはとくに孤独に敏感で、友だちや恋人との連帯や共同意識が欲しくなります。しかし、年齢を重ねるにつれて、真に連帯したり共同意識をもつのは容易いことではないと気づいたとき、孤独はいやだけれど孤独にならざるを得ないとわかってきます。言い方を変えれば、人とのかかわりを通してこそ「孤独」の意味を知るわけです。

椎名林檎が、『化粧直し』のなかで歌っています。

♪貴方に逢って孤独を知った

このあとで、「だけど失った今　私は初めて本当のひとり」という。別れてからひとりの孤独感をあらためて思い知ったということなのでしょう。

でも、もう少し深読みすれば、あなたに会ったからこそ、こんな孤独感を味わうようになったともいえます。心の中に冷たい風が吹くような寂寥感がつのります。

「個性的」という形容詞がもっともよく似合う、シンガーソングライターの椎名林檎。ロック、ジャズ、ポップス、クラシックなどありとあらゆる音楽に慣れ親しんだ彼女の創りだす楽曲は、その素顔と同じで容易につかまえられません。

音楽性も多様なら、歌のタイトルも『本能』『ギプス』『罪と罰』『不幸自慢』など刺激的で不可思議なところがあります。歌詞も同様で情に流されることはありません。

その彼女が一時期結成した「東京事変」というバンドとの作品のなかに『化粧直し』があります。洗練された実力派ミュージシャンによるこの曲は、「大人（アダルト）」というアルバムに収録されています。香水瓶のジャケットとタイトルからして大人のかおりが立ち上ってくるような作品群のなかで、

『化粧直し』は、ボサノヴァのリズムによる都会的なサウンドといい抑制されたヴォーカルといい、とてもクールです。

この『化粧直し』をカヴァーしギターとともに歌い上げたのが、個性的という意味では彼女と同等の長谷川きよしです。超絶的なギターテクニックと歌唱力で他に類を見ない活動をつづけてきた彼は、椎名が敬愛するアーティストでもあります。

かつて長谷川が加藤登紀子とデュエットした『灰色の瞳』（一九七四年）を椎名林檎はカヴァーしていますが、その後彼女は長谷川と『化粧直し』をデュエットしています。

彼の『化粧直し』は、二〇〇八年のアルバム「40年。まだこれがベストではない。長谷川きよしライヴ・レコーディング」におさめられています。初期に『一人ぼっちの詩』という作品もある彼にとって、孤独や切なさは大きなテーマでもありました。

張り詰めた孤独とでもいったらいいのか、ガットギターの音色をバックに徐々に盛り上がり、ぶれることのない長谷川の声が最後に「本当のひとり」と終えるとき、「ほんとうのさびしさ」が伝わってきます。

34 秋風のなかに漂うふるさと

赤とんぼ

毎夕決まった時間に、鐘の音やなじみの音楽を流すまちがあります。童謡『赤とんぼ』を作曲した、山田耕筰が、昭和初期に暮らしていた湘南の一画、神奈川県茅ヶ崎市では、この「赤とんぼ」のメロディーが流れます。

「あー、今日も暮れていくのか」と、一日が終わりに向かうころにふさわしい、安堵の気持ちを誘うやさしいメロディーです。とんぼが姿を見せる晩夏の夕暮れには、とくにそんなふうに感じます。

♪夕焼小焼の　あかとんぼ　負われて見たのは　いつの日か
山の畑の　桑の実を　小籠に摘んだは　まぼろしか

十数年前にある新聞が、「日本の童謡や唱歌で、くちずさめるもの」を調査したところ、『赤とんぼ』がもっとも多かったそうです。調査は、代表的な童謡・唱歌である『ふるさと』『赤とんぼ』『赤い靴』『おぼろ月夜』『浜辺の歌』『荒城の月』の六曲のなかから複数回答を得た結果でした。それほど多くの人にこの歌が自然と覚えられているということでしょう。

ほのぼのしていながら、しんみりと郷愁を誘う詞は、詩人であり童謡作家の三木露風の手によるものです。一九二一（大正一〇）年に出版した童謡集「眞珠島」にこの詩は掲載されました。
それから六年後の一九二七（昭和二）年に、山田耕筰は、東京〜茅ヶ崎間の列車のなかで、三木の詩集にある「赤とんぼ」を読んでいるときに、このメロディーが浮かんできたといいます。

三木は、故郷の兵庫県南西部の龍野町（現在のたつの市）での幼少期を思い、当時の自分を愛おしむ気持ちなどからこの詞を書きました。しかし、必ずしもほのぼのとした郷愁だけではなかったようです。六歳のときに、両親が離婚し母が家を出てしまいます。その後、祖父に育てられた三木の心情が、この詞に反映されているともいわれます。「負われて見た」のは、幼くして「背負われて見た」という意味ですから、作者自身の視線です。

歌詞の二番は、ご存知のように物語のようになっていきます。

十五で姐《ねえ》やは　嫁に行き　お里のたよりも　絶えはてた
夕焼小焼の　赤とんぼ　とまっているよ　竿の先

姐やとは、子守り娘のことで、幼い露風は娘の背の上で赤とんぼを見ていました。その姐やが若くして嫁に出て行ってしまう。そして、そのあとの「お里のたより」の「お里」については、誰のお里か、いろいろ解釈があるようですが、「お里のたよりも絶えはてた」という言葉だけをとってみても、故郷との断絶すら想像させます。

郷愁を誘うメロディーについては、シューマン作曲の『序奏と協奏的アレグロ ニ短調 作品134』に似ている箇所があるという指摘があります。聴いてみると確かにそうですが、その理由はわかりません。

『赤とんぼ』は、合唱やソロで歌われ、演奏されてきました。私にはこの歌は、夕暮れ時に、ひとり川辺で口ずさんだり、ヴィブラートのきいたハーモニカで吹いたりするのが似合う気がします。古くは、戦前のハモニカブームのときにこの歌を何度となく吹いた人もいるはずです。

歌唱としては、渥美清も歌っています。〝寅さん〟は、ここではまじめにしっかり思いを込めています。また、寅さんとは切っても切れない縁の妹〝さくら〟を演じた倍賞千恵子も歌っています。透き通るやさしい声です。ともに夕暮れ時に聴くといいものです。

参考：渥美清のCD「渥美清が歌う哀愁の日本叙情曲集」ポリドール、一九九六年。

35 私が死んでだれが泣くというのか

五木の子守唄

八代亜紀

演歌・歌謡曲の大御所でジャズを得意とする人がいます。このなかには実は、若いころはジャズやポップスを歌っていたのが、プロになるため歌謡曲の道を選んだ人がいます。歌謡曲全盛時代に『伊勢佐木町ブルース』など次々にヒット曲を放ち〝ブルースの女王〟と呼ばれた青江三奈はそのひとりです。功成り名を遂げてからの一九九三年と九五年に「THE SHADOW OF LOVE」と「passion mina in N.Y.」の二枚のジャズ・アルバムをリリースしています。

スタンダードのほか、ジャズ・ブルース風にアレンジされた『伊勢佐木町ブルース』も聴きどころです。「〜N.Y.」の解説を記した岩浪洋三によれば一九六〇年代前半、彼女は別の名前でジャズを歌っていました。それがスカウトされ『恍惚のブルース』でデビューして大流行歌手になり、ジャズから遠ざかります。その頃、岩浪から、どうして最近ジャズを歌わないのかときかれた彼女は「ジャズを歌っていて、流行歌を歌うのがいやになると困るから」と笑ったといいます。

ほんとうはもっと歌いたかったのではないでしょうか。それがようやく歌えるようになったのに、五九歳で鬼籍に入ってしまったのは残念です。

演歌歌手、八代亜紀もデビュー前はクラブでジャズやポップスを歌っていました。歌謡曲の世界では『雨の慕情』（一九八〇年）をはじめ大ヒットをいくつも重ねスターの地位につきました。その彼女が二〇一二年にリリースした「夜のアルバム」は、スタンダードや歌謡曲などをジャズ的にまとめた作品となり、話題を呼びました。アルバムをプロデュースしたのは、夏木マリの「九月のマリー」などおしゃれな作品をいくつも生み出している小西康陽です。

「夜のアルバム」は、『フライ・ミー・トゥ・ザ・ムーン』からはじまり、『サマータイム』や『枯葉』といったスタンダードにとどまらず、なつかしの歌謡曲『ワン・レイニー・ナイト・イン・トーキョー』や二〇一六年に亡くなったりりィの『私は泣いています』も入っています。ため息のような八代亜紀の歌声を聴くには、タイトルどおり深夜がふさわしいアルバムです。

このなかで私が最も気になったのは『五木の子守唄〜いそしぎ』です。「♪おどま盆ぎり盆ぎり〜」というくだりが有名な、熊本県五木村に伝わる民謡です。言葉も旋律も暗く悲し気です。アレンジは異色で、意表を突く劇的なイントロから、ギターをバックに子守唄が繰り返され、そのあとで一瞬間を置いて、「♪ザ・シャドウ・オブ・ユア・スマイル」と英語の歌にかわります。よく聴くと、「おどま盆ぎり〜」という部分と「ザ・シャドウ・オブ・ユア〜」という部分は、ほとんどおなじメロディーです。

英語の方は『いそしぎ』という日本語のタイトルがついている歌の出だしの部分です。『いそしぎ』は、一九六五年のアメリカ映画「The Sandpiper」の日本での公開名であり、主題歌でもあります。原題は『The Shadow of Your Smile』。

多くのアーティストにカヴァーされたこの哀愁のメロディーを、八代亜紀はスローなボッサ風にしっとりと歌い、やがて自然とまた子守唄に戻ります。

いわゆる子守唄には、子供を寝かせるための子守唄と、子守をする側（守り子）が自分の慰めのためなどに歌った「守り子唄」があります。山深い五木村に伝わる五木の子守唄は、守り子の唄であり、歌詞には子守をする娘の身辺の様子をはじめ、その境遇から生まれたさまざまな思いが表われています。なかには残酷とも思える哀しいくだりもあります。

平家の落人伝説が残る五木村には、近世になって一帯の土地を所有する旦那《ダンナ》とよばれる者と、名子《ナゴ》という小作の百姓がいました。そうした名子の娘たちがダンナの家などに奉公に出て子守りをします。伝承されたこの歌には、いろいろな歌詞がついています。戦後になってレコード化され、全国に知られるようになった歌詞は、そのなかのごく一部です。

♪おどま盆ぎり　盆ぎり　盆から先ゃ　おらんと
盆が早よ来りゃ　早よもどる

このくだりがもっとも有名です。自分の奉公もお盆までで、盆が来れば家に帰ることができるから、早く盆が来ないか、といった気持ちを表わしています。

♪おどまかんじん　かんじん　あん人たちゃ　よか衆《し》
　よか衆　よか帯　よか着物《きもん》

かんじん（勧進）とは、物乞いなど貧しい者のことです。自分は貧しい、いい着物や帯を身につけているよか衆は羨ましいな、といっています。

♪おどんが打死《うっちん》だちゅうて　誰《だい》が泣《にゃ》てくりゅきゃ
　裏の松山　蝉が鳴く

自分が死んだとて、泣いてくれる者はいない。裏の松山で蝉が鳴くだけだ、といいます。死を思うことすら切ないのに、まだ若い娘が、自分のさびしい死の風景を予感しているかと思うと、胸がつまります。

五木の子守唄をめぐっては、そのルーツや解釈をめぐってさまざまな説がありますが、こうした守り子は、どういう境遇の子かというと、山師の子供だと『子守り唄の誕生』（赤坂憲雄著、講談社現代新書、一九九四年）の著者は見ています。

木を切り出し、山から山へと移る山師は〝ナガレモノ〟です。その父たちの流浪の哀しみが、この歌にしみ込んでいるといいます。

八代亜紀がしゃれたアレンジにのり、『いそしぎ』をはさみ、さりげなく歌うところが、この哀しみを膨らませます。

＊歌詞は「夜のアルバム」から。

36 思い出だけが通り過ぎる

雪の降る街を

歌の世界に描かれた雪は、雨ほどではないにしろ、さびしげな心のうちを表わすことがあります。『なごり雪』では、駅のホームでの別れの象徴として季節外れの雪が降り、吉田拓郎の『外は白い雪の夜』では、喫茶店での別れ話の夜、外は雪になっています。

J‐POPのレミオロメンの『粉雪』も、すれ違うような心と雪が重なってみえます。中島美嘉の『雪の華』は、一緒にいることの幸せを感じる純な気持ちが、まっ白な雪に見立てられているようです。

時代は遡って日本でもヒットしたアダモの『雪が降る』では、雪は「待っても来ないあなた」への辛い気持ちの表われとして降っています。いずれにしてもこうした名曲は、純白で無音という雪のイメージを膨らませ、静謐さや穢れのなさといった世界を巧みにつくりあげています。

静謐ということでいえば、なにより『雪の降る街を』ではないでしょうか。

♪雪の降る街を　雪の降る街を
思い出だけが通りすぎてゆく

子供のころ、はじめてこの歌を聴いたとき、ピアノのイントロからして暗い感じがするなと思ったものでした。その印象はずっと尾を引きましたが、ある時テレビで雪国の瓦屋根に深々と降りつづける雪景色をみながら聴いたとき、静謐であることの魅力を感じました。

雨と違って、雪は音もなく降り、やがて白一色に地上を変えていきます。それはあっという間の出来事です。だが一度そうなってしまうと、あとはただ白いままです。

『雪の降る街を』の歌詞は、雪は降り、時が止まったかのようなところを、「思い出だけが通りすぎてゆく」わけです。「今」という時は止まっているから、過去の時である「思い出」だけがよみがえってくる、そんなふうに思えます。そこに、時の移り変わりや過去への哀惜といったものがかすかにうかがえます。

出だしが、ショパンの『幻想曲 へ短調作品49』と似ているとの指摘もあるメロディーは、途中で長調に転調して、晴れやかになり最後は歌い上げていくという広がりをみせます。しかし、歌いだしからの八小節がやはり印象深い。

この歌が世に出たのは一九五二（昭和二七）年一月のことです。四九年から続いていたNHKのラジオドラマ「えり子とともに」のなかで挿入歌として使われました。その誕生の経緯がかわっています。このドラマの音楽は、当初芥川也寸志が担当していました。

しかし、彼が突如降板してしまったため、あとを中田喜直がひきつぎます。あるとき台本が短くて時間が余ってしまうことがわかり、劇中に歌を挿入しようということになりました。そこでこの台本を書いていた内村直也が即座に作詞し、中田が即興でメロディーをつけてできあがったのが『雪の降る街を』でした。これが好評だったので、当初は一番しかなかったものを内田が三番まで歌詞を加え、中田の了解を得てようやく今日の形になりました。その後、歌謡番組などを通じて全国的に広まります。

『夏の思い出』、『ちいさい秋見つけた』などもてがけた作曲家の中田は、戦後山形県鶴岡市の演奏会に招かれたのが縁で、その後鶴岡市を何度も訪れます。そこで目にした光景が『雪の降る街を』の創作のモチーフになったといわれています。

鶴岡市はこのつながりを大切にし、JR羽越本線鶴岡駅前には歌碑を、また、桜の名所である鶴岡公園内には、雪の結晶をイメージしたという強化ガラスでできた記念モニュメントを建てました。モニュメントに近づくとセンサーが反応し、メロディーが流れるようになっています。

多くの歌手、合唱団がこの歌をレコーディングしています。合唱は声の重なりが、一斉に降り積もる雪を連想させます。一方独唱は、歌手によってやさしい降り方もすれば、重い雪にもなるようです。

ソプラノ歌手で、早くから「日本の歌」をとりあげてきた鮫島有美子の『雪の降る街を』は、冷たく澄んだ空気のなかを雪が降り続けるようです。雪の降る街で聴いてみたいものです。

37　ふたりはどこへ行くのだろう

月の沙漠

♪月の沙漠を　はるばると
旅の駱駝《らくだ》が　ゆきました

有名な童謡『月の沙漠』の歌いだしです。不思議な歌詞です。ここには、『ふるさと』『赤とんぼ』など、名だたる童謡、唱歌が描く日本的な風景や情景はありません。日本には、沙（砂）漠らしい沙漠はないし駱駝も日常の光景のなかには出てきません。つまり、『月の沙漠』に描かれているのは想像上の世界です。

おとぎ話や詩のなかに出てくるような遠いアラブの国かどこかで、茫漠たる沙漠を旅の駱駝が行く。エキゾチックで幻想的なイメージが広がります。その一方で、短調のスローなメロディーが、孤独でさびしい旅を思わせます。

この歌は、詞が先につくられました。作詞した加藤まさをは、大正から昭和にかけて、竹久夢二らと並ぶほど人気を博した抒情画家であり、また抒情詩人でした。少女や女性に向けた雑誌に、甘くメランコリックな挿画を描き、詩を書きました。その加藤が、一九二三（大正一二）年三月号の「少女倶楽部」で少女詩として『月の沙漠』を発表します。

するると、雑誌に載ったこの詩に魅了され、早速曲をつけた童謡作曲家がいました。佐々木すぐるです。佐々木は作曲家を志し苦学して東京音楽学校（後の東京藝術大学）に進みます。その後いったんは教職についたものの、作曲家への夢をあきらめきれず、手がけたのが『月の沙漠』のメロディーでした。自ら楽譜を印刷して小学校の先生を相手に講習会を開くなどした結果、広く世に知られるようになったようです。

幻想的な詩と、さびしげなメロディーの絶妙の組み合わせによって、他にあまり類を見ない不思議な雰囲気を醸し出しています。歌詞についていえば、四番まであり、四番だけは終わりの八小節が繰り返されます。歌詞の内容をまとめてみるとこんなふうになります。

〈朧月夜の沙漠を、金と銀の鞍を置いた二頭の駱駝が並んでゆく。鞍にはそれぞれ金と銀の甕がひもで結び付けられている。先の駱駝には王子様が、後ろにはお姫様が、おそろいの白い上着を着てまたがっている。二頭はとぼとぼとすすみどこへ行くのか、黙って砂丘を越えていく。〉

空想の世界の描写です。が、歌詞には一ヵ所だけ描写ではなく作者の気持ちが表われているところがあります。それは、四番の歌詞のはじめの八小節です。

♪広い沙漠をひとすじに
　二人はどこへゆくのでしょう

詩を書いた本人、つまりこの駱駝とふたりを登場させた加藤本人が、ふたりの行く末を案じているような、だれかに問いかけるような語調です。これがミステリアスなところであり、かつ魅力でもあります。

私は、大人になってこの歌を聴き直したとき、「二人はどこへゆくのでしょう」という箇所に、なんとなく切なさを感じました。王子様とお姫様だから優雅な旅かもしれない。しかし、沙漠をとぼとぼとひたすら旅をしている二人には、もしかしたら決まった行く先などないのではないか。行く先もなく、もくもくと沙漠を旅するのはつらいことだろう。そんなふうにも感じたものでした。

大袈裟にいえば、人生もまた沙漠をとぼとぼと行くようでもあり、所々で「あー、自分はいったいどこに向かっているのだろう」などと考えることがあります。

繰り返しになりますが、メロディーがこの切なさを膨らませます。この歌は、歌手やグループによってこれまでカヴァーされてきました。倍賞千恵子など、澄んだ声でまっすぐに歌われるのもいいし、森繁久彌のこぶしのきいたヴァージョンも味があります。

また、多くのジャズ・ミュージシャンがこの歌をレパートリーにしています。モダン・ジャズの世界では、トランペッターのリー・モーガン（Lee Morgan）が、アルバム「The Rumproller」（一九六五年）のなかで「Desert Moonlight」というタイトルでカヴァー。同じくトランペッターの、フレディー・ハバード＆ウディ・ショウ（Freddie Hubbard and Woody Shaw）が、アルバム「Double Take」（八五年）でカヴァー。また、ピアニストのケニー・ドリュー（Kenny Drew）のトリオが、この曲をタイトル名にした「Moonlit Desert: ムーンリットデザート（月の砂漠）」（八二年）というアルバムでとりあげています。

加藤まさをが若いころ病気の療養のため訪れていた房総半島の御宿の浜が、この歌詞のモチーフになっているといわれ、御宿の浜には「月の沙漠」記念館と記念像が建っています。しかし、そもそも着想を得たのは、加藤の生まれた静岡県藤枝市の近くの浜辺からという説もあります。

参考：読売新聞文化部編『唱歌・童謡ものがたり』岩波書店、一九九九年、竹内貴久雄『唱歌・童謡　一〇〇の真実』ヤマハミュージックメディア、二〇〇九年、静岡県藤枝市郷土博物館・文学館資料

海外の歌

1　夢の終わりのはじまりだった

ホテル・カリフォルニア　イーグルス

Hotel California　*Eagles*

すべて名曲は、イントロが素晴らしいとよくいわれます。一瞬にして「あ、あの曲だ」と、おもわせると同時に、条件反射的に気持ちの高ぶりを感じる、そんなイントロです。ときに本編を凌ぐものもあります。

『ホテル・カリフォルニア』。エレキギターのアルペジオのスローな弦の音だけで、こみ上げるものがあります。この長いイントロの最後にドラムが二拍入り、歌の合図を告げます。

♪Welcome to the Hotel California　（ホテル・カリフォルニアへようこそ）

カントリー・ロックバンドとして一九七一年に四人で結成されたイーグルス（Eagles）が、七六年一二月にリリースした同名のアルバムのタイトル曲です。発売と同時に話題を呼んだこのアルバムは、翌年はじめにはアルバム・チャート一位となります。その後、グラミー賞最優秀レコード賞を獲得、ロック史上に残る名盤となり、通算全世界で三二〇〇万枚以上（二〇一九年）が売れたとされます。その人気は衰えず、二〇一九年秋には、この名盤をなぞって演奏する特別公演がラスベガスで開かれました。

当時のメンバー五人のひとり、ドン・フェルダー（ギター）がメロディーをつくったときに、その仮タイトルが「メキシカン・レゲエ」だったというこの曲は、レゲエのリズムを取り入れ、メロディーラインはラテンの風味があります。

アルペジオで奏でるギターのコード進行はどこかもの悲しく、途中からかぶさるメロディーがまたあわれを誘います。一分ほどの長い序章が終わると、堰を切ったように、ドラムをたたきながらドン・ヘンリーが掠れた声で、映画のシーンをつづったような物語風の歌詞を歌いはじめます。

ハイトーンのコーラスがきれいに重なり、ギターの繰り返しのリフが歌に陰影をつける。サビの「♪Welcome to the Hotel California」が二度目に登場したあとで、一瞬、ドラムがとまり、場面がかわったかのように、再び物語は展開していく。

そして、六回目の同じコーラスが終わったところで、サビには移らず、ヴォーカルは途絶え、あとは二分間にもわたり、二台のギターが打ち寄せる荒波のようなソロをきかせ、余韻を持たせて終わる。

構成の凝ったこの曲は、歌詞もまた比喩が多用されるなど深い意味を持っています。主にドン・ヘンリーによるこの詞の印象的なところをつないでみると……。

「砂漠のハイウェイを行き、ふと立ち止まる。そこはホテル・カリフォルニア。だれもが贅沢に遊び暮らしている。でも、そこの暮らしは囚人のようなもの。いつでも好きな時にチェックアウトすることができるけれど、出ていくことはできない。」

この曲がリリースされた当時、日本ではカリフォルニアは、陽光が燦燦とふりそそぐ、アメリカの自由と夢と気楽さの象徴のようにとらえられていました。学生たちが遊び半分で語学留学をする人気の場所でもありました。

しかし、イーグルスは、そんな夢や自由は幻想だ、とでもいうように、カリフォルニアを世の中の縮図として「夢と現実の落差」を曲にしたのです。これより二〇年も前から、ハードボイルド作家、ロス・マクドナルドが、誰もが光の部分ばかりを強調するカリフォルニアの陰の部分を描いたようにです。

結成された当時のイーグルスのメンバーには、だれひとりカリフォルニア出身者はいません。多くの若者の憧れの的でありエンターテイメント産業のメッカでもあるカリフォルニアに来て、彼らは出会いました。

必死に曲やアルバムを作り、ツアーに出て休む間もなく〝仕事〟をする。そして、成功をつかんでいく道程で、酒やドラッグに浸り、女の子たちとの自由な恋愛を楽しみ、名声や金を得たのです。しかし、〝仕事〟に追われ消耗し退廃的にもなり、グループ内に亀裂が生じる。こうした状況のなかでこの名曲は誕生しました。

　イーグルスの誕生から解散、そして活動再開までを追った、『イーグルス　ホテル・カリフォルニアへ、ようこそ』（リットー・ミュージック刊、山本安見訳、一九九五年）の著者、マーク・シャピロは書いています。

「ホテル・カリフォルニアは、金ぴかの街《ロサンゼルス》の仮面を剥ぎ、そこが実際は、ささやかな夢さえ塵に変えてしまう悲しい孤独な街であることを暴露し、光る物はすべてが金ではないという自明の理を示唆していた。」


　カリフォルニアというアメリカの夢の象徴の終焉は、もうこの時代に語られていました。しかし、そのあとも国境を越えアメリカに自由と夢を求める人間の列は延々と続きます。今の暮らし、今住んでいる国や社会から比べればアメリカは天国だからです。

　そういう人たちにとっては、まだ夢は終わっていないのでしょう。排外的な傾向を深め、アメリカの夢がさらに色褪せていこうとしている今、『ホテル・カリフォルニア』は、再び切なく響きます。

2　物憂げにあつい思いを叫ぶ

ミッシェル　ビートルズ

Michelle　*The Beatles*

ロック、ポップ・ミュージックの世界で、歴史上に名を残したグループ、ビートルズ（The Beatles）。ジョン・レノンとポール・マッカートニーというふたりによって、世に送り出された名曲は数え上げたらきりがないほどです。しかし、活動期間はそれほど長くはなく、その密度の濃さには驚くばかりです。

名曲ぞろいの彼らの作品のなかで、切ない歌とはなんだろうと考えてみました。世界中、すでに三世代から四世代にわたろうしているビートルズ・ファンのなかで、「切なさ」というテーマでビートルズの曲をしぼってみたことがあるのかどうか確証はありませんが、見かけたことはありません。「だれか助けてくれよ」と哀願するような『ヘルプ（Help）』（一九六五年四月録音）のように、アップテンポの曲のなかにも、苦悩する青春の叫びを感じるものはありますが、やはり数少ないバラード系の曲のなかに切なさは潜んでいます。

ビートルズのバラード系といえば、なんといってもインストゥルメンタルを含め数限りないほどのアーティストにカヴァーされている『イエスタデイ（Yesterday）』（一九六五年六月録音）が思い浮かびます。この曲には、過去を偲ぶという切なさもありますが、それを含めてクラシカルな雰囲気の美しさが前面に出ています。

そこへいくと『ミッシェル（Michelle）』は、歌詞の内容はシンプルですが、懇願するような気持ちがストレートに響きます。公式にはレノン＝マッカートニーの共作となっていますが、実際はポールの作品といっていいでしょう。

フランス語を交えた異色の歌詞を、憂いを帯びた独特のコード進行をもつメロディーにのせて歌うのもポールで、バックのコーラスとのハーモニーが美しく、シャンソンの薫りもほのかにします。

♪Michelle, ma belle（ミッシェル　ぼくの恋人）

と、頭からフランス語で語りかけます。そのあと

♪These are words that go together well（とてもマッチした言葉だ）

と、英語に戻りますが、この部分がまた、

♪Sont des mots qui vont très bien ensemble

と、フランス語に置き換えられて登場。フランス語はそれだけですが、曲調を支配するほど雰囲気をつくっています。

フランス語を使ったことについては、長い経緯があるようですが、詞の内容についてはフランスら

しい雰囲気を込めようとしたポールが、旧友の妻でフランス語に堪能な女性からアドバイスを得ました。彼女にフランス語で二音節の女性の名前と、「These are words that go together well」という言葉のフランス語を教えてほしいと頼み、その結果が詞にあらわれたといいます。

憂いのあるメロディーラインとヴォーカル、フランス語の使用、そしてもうひとつ、この歌の切なさを盛り上げているのが、後半の短い間奏前の「♪アイ・ラヴ・ユー〜〜」と声を張りあげるところです。

実は、この部分の挿入はジョンのアイデアで、これによってブルースっぽい雰囲気がでるようになりました。小粋なフレンチのムードに、一瞬スパイスを利かせるようにブルージーなヴォーカルを挟むという凝った演出です。

ジョンは、このアイデアをジャズ・ブルース歌手でありピアニストであるニーナ・シモンが歌った『I Put A Spell On You』という曲からヒントを得たといいます。クラシックの素養もあり、弾き語りと圧倒的な歌唱力で唯一無二といわれるニーナ・シモンもまたそのブルースのなかで強烈に「I Love You」を繰り返します。『ミッシェル』という小粋な名曲誕生の背景には、こうしたアイデアが隠れています。

『ミッシェル』が収められているのは、彼らの六枚目のアルバムとなる「ラバー・ソウル（Rubber Soul）」（一九六五年一二月発売）。ジョンが作った『ノーウェジアン・ウッド（Norwegian Wood）』『ガール（Girl）』『イン・マイ・ライフ（In My Life）』や、ジョージ・ハリスンの『If I Needed Someone』など、創意にあふれた多様な曲で構成されています。
ミッシェルのイントロの弦の音色や『イン・マイ・ライフ』の間奏のピアノ、そして『ノーウェジアン・ウッド』ではシタールが使われるなど、アコースティックな響きを大切にし、ヴォーカルは自然なやわらかさが印象的です。切なさという点では、ジョンが歌う『ガール』も甘く切なく、ポールの『ミッシェル』と対をなしています。

参考：スティーヴ・ターナー著・藤本国彦監修・富原まさ江訳『完全版 ビートルズ全曲歌詞集』ヤマハミュージックメディア、二〇一六年。

3　もう忘れるしかない

忘却

アストル・ピアソラ

Oblivion　*Astor Piazzolla*

年齢を重ねるにつれて物忘れが激しくなったり、思い出せないことがあったりすると、自己嫌悪に陥ることがあります。でも、忘れることは悪いこととは限りません。嫌なことをいつまでも覚えていたら、それはそれで悩ましいものです。

「忘却とは忘れ去ることなり。忘れえずして忘却を誓う心の悲しさよ」。その昔NHKのラジオドラマ「君の名は」（一九五二〜五四年）で繰り返された、有名なナレーションの一節です。悲恋の物語を、「忘れられないのに忘れることを誓うことの悲しさ」が象徴しています。

「忘却＝忘れ去ること」は、歌のテーマとして、また象徴的な歌詞としてよく登場します。このなかには、「忘れてしまいたい」、「もう忘れてしまった」と、忘却を肯定的にとらえるものがあります。J-POPのなかでもたとえば、ファンキー・モンキー・ベイビーズの『もう君がいない』（二〇〇七年）は、「♪いっそのこと忘れたい　こんなにも切ないなら……」と歌っています。

反対に、「忘れたくても忘れられない」という、切ない思いの吐露もあります。全体としては、後者の方が圧倒的に多いでしょう。

これらとは少し変わって、「もう、忘れてしまおう」、「忘れるしかない」という、諦めに似た気持ちを表わした忘却の歌もあります。時代は遡って、アルゼンチンの作曲家アストル・ピアソラ（一九二一〜九二年）の名曲のひとつ『忘却（オブリビオン＝Oblivion）』です。

タンゴの革命児といわれ、バンドネオンの演奏家でもあるピアソラは、数多くの名曲を残しました。そのなかで、『忘却』は「エンリコ四世」という一九八四年のイタリア映画のテーマ曲として提供されました。落馬したのがきっかけで自分をドイツ皇帝エンリコ4世と思い込んでしまった男の悲・喜劇を描いています。

映画自体はそれほど話題になりませんでしたが、劇中の『忘却』はのちにデビッド・マクニールによって詞がつけられ、カンツォーネのスター歌手、ミルバ（一九三九年〜）が歌ったことで評価されるようになりました。

アルバム「ミルバ／エル・タンゴ〜ミルバ・ウィズ・ピアソラ」から、もとはフランス語の詞の一部を紹介しましょう。

♪船は出て、どこかへ去り行き
　人は離れ離れ
忘れましょう、忘れましょう

……………………

♪すべてはぼやけ　思い出せない、思い出せない

（アルバムより、田中美紀訳）

全体としては、私とあなたのことはまるで束の間のことのようで、いまとなっては思い出せもしない、忘れましょう、といっているようにきこえます。虚しさと儚さと切なさが入り混じる言葉が並びます。

ゆっくりとけだるく、バイオリンとバンドネオンとピアノのイントロが消えていくのと入れ替えに、薄暗闇に煙がそおっと立ち上っていくように、ミルバの声が響きます。聴く者の心の底に沈殿していくような声は、やがて悲し気なヴィブラートをともなって高まります。が、それも束の間、長い溜息のように忘却の名のとおり静かに過ぎて行きます。

最後のところは音楽的に言えば「陳腐な下降音階をあまりに美しい旋律へと変貌させる和声付けの魔術が際立っている」*と絶賛されています。

タンゴとはなにかを簡略化していえば、ヨーロッパからの音楽とキューバ経由のアフリカの音楽、そしてもともとアルゼンチンなどにあった土着の音楽要素が関係して、ブエノスアイレスで一九世紀後半にできあがった音楽です。楽器ではアコーディオンのようなバンドネオンが使われるのが特徴です。

日本でタンゴというと、情熱的なダンスとその音楽をまず思い浮かべる人が多いかもしれません。それからすると、ピアソラの音楽は複雑かつ自由です。彼はクラシックを学び、ジャズに接近しロックに関心を寄せ、踊ることができるより聴くためのモダンなタンゴをつくってきました。ジャズやクラシック奏者にもカヴァーされてきた『リベルタンゴ』はその代表格です。

わが道を行くピアソラは、一九八四年から「エル・タンゴ」というショーをはじめ、自身のバンドネオンが率いる五重奏団をバックにミルバを独唱者としました。先に触れた歌と演奏のくだりも、このショーでのライヴ録音の『忘却』についてです。ミルバに対するピアソラの評価は高く、自分の曲を歌った最高の歌手は誰かと問われ「ミルバだ」と答えています。

『忘却』は様々なアーティストによってカヴァーされています。同じタンゴの五重奏団である「キンテート・スアレス・パス」によるピアソラ作品のカヴァーアルバム「MILONGA DEL ANGEL（天使のミロンガ）」（Milan Music）は、網目のストッキングの女性の脚が強調されたジャケットが目を見張ります。ヴォーカルは、ミルバほどの深みはありませんが、甘く澄んだ美しい「忘却」を聴くことができます。

*斎藤充正・西村秀人編『200DISCSピアソラ／タンゴの名盤を聴く』立風書房、二〇〇〇年。

参考：ナタリオ・ゴリン著・斎藤充正訳『ピアソラ自身を語る』河出書房新社、二〇〇六年、「ミルバ／エル・タンゴ〜ミルバ・ウィズ・ピアソラ」キングレコード。

4　悲しいほど好きだよ

君の瞳に恋してる

Can't Take My Eyes Off You　*Frankie Valli*

フランキー・ヴァリ

切ない歌は、どちらかといえばメロディーはスローで、歌詞には陰があります。軽やかにアップテンポで、前向きな歌詞はあまり切なさには似合わないかもしれません。しかし、例外はいくつもあります。たとえば、『Can't Take My Eyes Off You』。日本では『君の瞳に恋してる』というタイトルで知られているオールデイズ・ヒットのひとつで、CMにもよくつかわれています。

これまでに世界中で二〇〇を超えるカヴァーヴァージョンがあるという名曲ですが、日本では一九八〇年代前半に、ボーイズ・タウン・ギャングというグループが、ディスコ・ミュージック風のアレンジで歌ったものが一番知られたようです。

もともとは一九六七年にフランキー・ヴァリ（Frankie Valli）が歌いました。バリトンから裏声まで、幅広い音域をもち、とくに高音を響かせる歌唱力の持ち主として知られるヴァリは、男性四人組コーラスグループ、フォー・シーズンズのメンバーとして活躍し、のちにソロとなって、この『君の瞳に恋してる』を大ヒットさせます。

フォー・シーズンズについては、二〇一四年に「ジャージー・ボーイズ」という映画で彼らの成功や挫折の物語が描かれましたが、そのなかで『君の瞳に恋してる』の誕生ストーリーも垣間見られます。が、それはまたあとで触れるとして、まずこの歌の魅力について考えてみましょう。

原題を訳せば、「君から目が離せない」、「君にくぎ付け」といった意味になるので日本語タイトルは、意味の上では原題とはかけ離れてはいません。まっすぐなラヴソングです。

♪You're just too good to be true.（君は信じられないくらい素敵だ）
I can't take my eyes off you.（君から目が離せない）

はじまりからして、好きな相手に対して、その思いを口に出さずにいられないという、よくあるパターンのひとつです。そのあとも、「とにかく君はきれいだ」、「君を抱きしめたい」、「神様に感謝したいほどだ」といった、彼女のへの賛辞と、それに酔ってしまう自分自身をさらけ出すような言葉のオンパレードとなります。

ヴァリは、やさしくおとなしく歌いだし、こうした言葉を繰り返します。そしてサビに移りますが、その前に一呼吸おいて、サビまでの助走のように金管楽器が一斉にムードを盛り上げます。これが気持ちの高まりを示し、頂点に達したところでヴァリが切なげにこう声を張り上げます。

♪I love you baby　（君が好きだ）
And if it's quite all right.　（もしよかったら）
I need you baby　（君が欲しい）

素晴らしい構成です。言葉だけ見れば、これ以上ないお決まりの台詞かもしれない。しかし、もうたまらないほど好きだといった気持ちが見事に表われています。

作詞・作曲はボブ・クルー（Bob Crewe）とボブ・ゴーディオ（Bob Gaudio）という、フォー・シーズンズに楽曲を提供していたふたりで、ほかにも数々のヒットを世に送り出しています。ボブ・ゴーディオは、フォー・シーズンズの最初のヒット『シェリー』の作者でもあります。「♪シェー〜リー〜、シェリーベイビー〜」というコーラス部分が印象的で、日本語でもカヴァーされヒットしました。『君の瞳に恋してる』の曲作りについてボブ・ゴーディオは、「これを歌いこなすのはフランキー・ヴァリだけで、幅広い音域をカヴァーできるヴァリのたぐいまれな歌唱力があってのことだ」と、のちに話しています。

映画「ジャージー・ボーイズ」（クリント・イーストウッド監督）によれば、ニュージャージー州の荒んだ町で生まれ育った四人は、コーラスグループで成功し町を出る。いくつもヒットを飛ばすがお金の問題もありグループは解散、ソロとなったヴァリだが、娘はドラッグで命を落とす。

映画のなかでは、娘をなくしたヴァリが新しい歌を提案されてこう返します。「娘を埋葬したおれにラヴソングを?」。が、その悲しみを乗り越えてヒットさせたのが『Can't Take My Eyes Off You』という設定でした。

大ヒットのあと、アンディ・ウィリアムスのオーソドックスなヴァージョンからはじまり、ダイアナ・ロスとシュープリームス、ペット・ショップ・ボーイズ、ローリン・ヒルなどがカヴァーしました。日本でもＭＩＳＩＡや椎名林檎など多くのアーティストがとりあげています。

ブラス・バンドなどによるインストゥルメンタルのカヴァーもありますが、ハワイの若いウクレレ奏者Kris Fuchigamiのバンドのヴァージョンは、そのなかでは秀逸です。切なさが、ハワイのさわやかな風に乗ってきます。

5　甘酸っぱいノスタルジー

スタンド・バイ・ミー　ベン・E・キング

Stand By Me　*Ben E.King*

夏休みの季節になると、「あー、あのころはおもしろかったなあ」などと、中年男性は井上陽水の『少年時代』（一九九〇年）を聴きながら思うでしょうか。もっと年配の人なら山口百恵の『ひと夏の経験』（七四年）の、ドキッとするような歌詞を思い出すでしょうか。若いころ、夏休みは冒険の季節でもあり、記憶に残る冒険が夏の歌とリンクしていることがあるようです。

スティーブン・キングの短編集に収められた「THE BODY（死体）」を原作とした映画「スタンド・バイ・ミー」（八六年）は、大人になっても忘れられない、少年時代のひと夏の冒険を描いています。舞台は一九五〇年代のアメリカ太平洋岸のオレゴン州。四人の少年が死体探しの旅に出ます。この旅を終えれば大人になれる、とでもいうように鉄路に沿って歩いていくシーンが印象的です。

不安はいっぱいあっても、仲間がいるからできる。若いころの友だちっていいなと思わせるなかで、スクリーンで主題歌として流れるのが、六〇年代にヒットしたベン・E・キングの歌う『スタンド・バイ・ミー』です。

ラテン音楽でよくつかわれるギロ（guiro）という打楽器が発するシュッ、シュッとなにかをこするような音をバックに、キングがソウルフルな声で、「♪When the night〜」と、力強く吐き出します。「暗闇に包まれても、空が落ちて来ても、山が崩れて海に落ちても、君がいれば怖くはないよ。だからそばにいておくれ」

こんなふうにつづく歌詞は、この映画がテーマにした友情の証しのようにもきこえます。しかし、サビで「ダーリン・ダーリン」と、歌い上げるところからすれば、なにか切なく懇願しているようなラヴソングなのだと推測できます。

作詞・作曲もベン・E・キング。一九五〇〜六〇年代に活躍したコーラスグループ、ドリフターズ(The Drifters)のメンバーだったキングは、独立してソロになってからこの曲をつくって、ドリフターズに持ち込みます。が、気に入られず自分がソロで歌うようになりました。

二〇〇五年の冬、東京・コットンクラブでのショーのあと、私はキングにインタビューをする機会を得たので、『スタンド・バイ・ミー』が生まれる背景をきいてみました。

一九六〇年の春ごろ、新婚ホヤホヤのキングは、ニューヨークのハーレムにあるワンベッドルームのアパートで暮らしていました。

「あるときベッドの上で、安いギターを弾きながらこの歌をつくったんだ」と、彼はいいました。キングが一一歳、彼女が八歳だったころからの幼なじみという二人は、結婚当初は決して豊かではなかったけれど、幸せの絶頂期にいました。でももし辛いことがあったらそばにいてほしい、という気持ちがあった彼はそれを歌に込めたといいます。

つまり『スタンド・バイ・ミー』は、そばにいない人に対してのラヴコールというより、そばにいる人へのやさしい気持ちの告白だったわけです。

しかし、切々とうったえるような歌い方やメロディーから、懇願するような気持ちが強く表われています。加えて、主題歌としてつかわれたあの映画のイメージから、少年期へのノスタルジーをかき立てられます。


多くのアーティストがこれまでカヴァーしていますが、ジョン・レノンのカヴァーが際立っています。アルバム「ロックン・ロール」で聴く、シャウトするジョンの尖った歌い方は、やさしさより抑えきれない情感を爆発させています。

社会活動にも関心を寄せていたキングは、後年、スタンド・バイ・ミー基金を設立し、恵まれない家庭の子供を支援してきました。また、東日本大震災後には日本を訪れ復興支援の活動も行ってきました。

二〇一五年四月に七六歳でこの世を去りましたが、やさしさのある彼の『スタンド・バイ・ミー』は、いつまでも多くの人のそばにありつづけるでしょう。

6　古きよき昔のために

オールド・ラング・サイン（蛍の光）　ジェイムス・テイラー

Auld Lang Syne　*James Taylor*

さわやかで華々しい「入学」に比べ、「卒業」は喜びや安堵と同時に一抹のさびしさがあります。『仰げば尊し』や『蛍の光』が、卒業ソングの定番だったのは遥か昔のこと。いまは新しい合唱曲やポップスからも選ばれています。

「白い光の中に～」ではじまる『旅立ちの日に』（作詞小嶋登、作曲坂本浩美）は、学校現場から生まれた名曲です。おなじ『旅立ちの日に…』という曲で、シンガーソングライター、川嶋あいによる作品も人気があります。ともに学校生活を振り返り、新しい世界への希望を歌っています。合唱曲の『この地球のどこかで』（作詞三浦恵子、作曲若松歓）は、友との思い出をかみしめています。

このほかにもいろいろありますが、改めて『蛍の光』を聴いてみると、私が古い人間なのでしょうか、古風な情緒に惹かれます。「♪蛍の光　窓の雪」と、七五調で淡々と歌詞はながれ「あけてぞ今朝は　別れ行く」という、その「別れ行く」という言葉がいいですね。学校生活をおもわせる細かな描写などはありませんが、わかりやすく情緒的なメロディーとシンプルな歌詞が自然と耳に入ってきます。

『蛍の光』は、明治時代に稲垣千頴が作詞して唱歌にとりあげられましたが、この歌の原曲は『Auld Lang Syne（オールド・ラング・サイン）』です。これがまた実に味わい深いオールド・ソングです。スコットランドの〝国民的〟詩人、ロバート・バーンズが一七八八年、二九歳の時につくった詩にメロディーがつけられました。

「Auld Lang Syne」自体はスコットランド語で、英語に直訳すれば「Old Long Since」となり、「遠い昔」とか「その昔」といった意味になります。

スコットランドやアイルランドの民謡の音階は、俗に「ヨナ抜き」などといわれ、ドレミファソラシドの四番目（ファ）と七番目（シ）がほとんどつかわれないのが特徴とされています。民謡など日本の伝統的な音階もこれと似ているので、日本人にはスコットランドやアイルランドのメロディーが親しみやすいようです。

この哀愁漂うメロディーを支える歌詞には、時の流れへの感傷が表われていますが、詩は『蛍の光』とはまったく異なります。バーンズの詩は、友との古き昔の日々におもいを馳せ、過ぎ去った時が隔てた友との距離を惜しんでいます。そして、だからこそ友との再会を喜び、「古き昔のために、親愛（友情）の一杯を飲み干そう」と歌いあげるのです。

この歌は、英語圏ではよく知られていて、クラシックに演奏されたり合唱として歌われたり、多くの有名アーティストによってもカヴァーされています。アメリカのスタンダードを近年歌っているロッド・スチュアートやオーディション番組からシンデレラ的にスターにのぼりつめたスーザン・ボイル（スコットランド出身）もアルバムのなかでとりあげています。

若くして世を去ったロック・ギタリスト、ジミ・ヘンドリックスは、かつてひずんだエレキサウンドでこのメロディーを奏でました。

こうしたカヴァーのひとつに、一九七〇年代から歌い続けるシンガーソングライター、ジェイムス・テイラー（JT）が、二〇〇六年のクリスマス・アルバム「JAMES TAYLOR at Christmas」で歌うヴァージョンがあります。『You've Got a Friend（君の友だち）』をはじめアコースティックなギターサウンドによるヒット曲で知られるJTは、自然で粋で、かつ知的な魅力のある人で、グラミー賞も五度受賞しています。その彼による『オールド・ラング・サイン』は、ジャズ風のアレンジが聴きどころです。

聴いていて生理的に心地いい声というのがありますが、まさにJTの声がそれで、彼のヴェルヴェット・ヴォイスは、奥行きがありやさしく、友と過ごした昔と厚き友情の世界へと聴くものを誘います。バーンズは若くしてこの詩を書きました。言い換えれば、それほど人生経験を経ていないわけですが、この詩からは時の流れへの感傷も伝わってきます。

友情や愛情について、酸いも甘いも知る歳になったいま聴けば、別れた友や親しかった人のことなどを思い出し、時の流れを噛みしめるばかりです。遠くを振り返る人生の卒業歌のようです。

7　忘れられない人を偲んで

アンフォゲッタブル

Unforgettable　*Natalie Cole & Nat King Cole*

ナタリー・コール&ナット・キング・コール

親子の関係は人それぞれですが、父と子は、母と子の関係に比べれば、一般に堅苦しいのではないでしょうか。子にすれば、母に比べて話しにくい。一方父からすれば、どうしても上から目線で構えてしまう。なかなかすんなり会話ができないうちに、父はこの世を去ってしまい、「もっといろいろ話をしておけばよかったと、今になって後悔している」という話をよく聞きます。

父親への思慕を、歌に託すこともあります。シンガーソングライターの河島亜奈睦は、『酒と泪と男と女』のヒットで知られる、亡き父でありシンガーソングライターだった河島英五の歌をカヴァーしています。二〇〇一年に四八歳で亡くなった父に対して思慕と敬意を込めたアルバムを出し、コンサートでは、『生きてりゃいいさ』という父の曲を、父の歌と映像にかぶせて、ヴァーチャルなデュエットをしています。

これより二〇年前、このアイデアで素晴らしい父子デュエットを成功させたのは、ナタリー・コールと父のナット・キング・コールです。ジャズピアニストで歌手のナットは、一九一九年アメリカの南部アラバマ州生まれ。安定感のある奥深い声で『イッツ・オンリー・ア・ペイパームーン』『ルート

66』『モナ・リザ』『スマイル』など数多くのジャズ、ポピュラーソングでヒットを放ったスターです。
一九五〇年にロサンゼルスで生まれた娘のナタリーは、小さいころから父親について旅をしてきました。仲のいい父子で、二人の好みも同じでした。しかし、六五年、彼女が一五歳のとき、父は肺がんのため亡くなります。四五歳でした。あまりの悲しみに、しばらくは立ち直れずにいたナタリーでしたが、それから一〇年後、歌手としてデビュー、いきなり『ディス・ウィル・ビー（This Will Be）』を大ヒットさせます。以後、リズム&ブルース、ジャズ、ポップスと、ジャンルの壁を越えて父同様に世界の一流エンターテイナーの地位を確立しました。

このナタリーが九一年、亡き父の歌の音源に自分の声をかぶせ、ヴァーチャルのデュエットの形で披露したのが『アンフォゲッタブル（Unforgettable）』です。レコーディング技術の進歩もあるのでしょうが、まるで二人がほんとうにリアルタイムで歌っているようで、ナタリーの父を偲ぶ気持ちが痛いほど伝わってきます。アルバム「アンフォゲッタブル」は全世界で一四〇〇万枚を売りました。

この曲は一九五一年、アーヴィング・ゴードンという人が作詞・作曲したもので、ナットは当時はひとりで歌っています。やさしいピアノのイントロのあと、

♪Unforgettable, that's what you are　（忘れられない人、それはきみのことだ）

ではじまり、募るあついおもいを語り続けます。

CDではなく、ステージで父子がデュエットする架空映像では、父の姿が声とともに映し出されます。生前の父ですから娘より若く見えます。

「♪アンフォゲッタブル～」と、最初に父が歌い、娘が追いかける。途中で入れ替わったりし、最後は一緒に声をそろえます。映像の世界にしかいない亡き父の姿をナタリーは一瞥します。

そのナタリー・コールも、二〇一五年に六五歳でこの世を去りました。父と娘はきっと天国で、本当のデュエットをしていることでしょう。

8　ひと夏の思い出

夏の日の恋　パーシー・フェイス・オーケストラ
A Summer Place　*Percy Faith Orchestra*

夏の終わりはどこかさびしい、なんて言葉は陳腐ですが、夕暮れどきに歩いていてトンボがたくさん飛び交うのをみると、たしかにそんな気持ちになります。夏の終わりには、この夏のことだけでなく、これまでに過ごしてきた夏のこともふと思い出すからかもしれません。

『夏の日の恋』という優雅な曲がありました。昭和の趣のある商店街を歩いているときや、昔ながらの喫茶店で、ときどき耳にしたメロディーです。カナダで生まれアメリカで活躍した音楽家、パーシー・フェイスが指揮するオーケストラによる、このゆったりとした美しい旋律は、夏のリゾートを髣髴させせます。若いころ、エアコンのきいた喫茶店で、アイスコーヒーでも飲みながら聴くと、頭のなかだけでもリゾート気分に浸れるような効果がありました。

もともとは一九五九年に公開されたアメリカ映画「ア・サマー・プレイス（A Summer Place）」のテーマ曲でした。映画の邦題は「避暑地の出来事」。洋画のオールドファンなら「ああ」と、思い出すでしょう。

舞台はアメリカは北大西洋沖の小さな島。ある夏のこと、避暑地でもある島のホテルに、かつてこの島で働いていた男が、成功して妻と娘を連れてやってきます。このホテルは島で暮らしてきた夫妻とその息子が経営しているのですが、妻は、やってきた男とかつて恋仲でした。

久しぶりに再会した二人は、それぞれの夫婦関係がうまくいっていないこともあり、焼けぼっくいに火がつき、とうとうそれぞれ離婚し再婚します。一方こうした複雑な事情の両親のもと、それぞれの娘と息子も恋仲になり、最初は反対されるが、最後は結ばれるというストーリーです。

物語の筋だけ見れば決してさわやかとはいえません。ただ、息子を演ずる若きトロイ・ドナヒューと娘役のサンドラ・ディーの二人の溌溂とした姿がそれをカヴァーしています。また、海辺の避暑地と裕福なアメリカ家庭のライフスタイルが描かれるところに、テーマ曲が象徴する優雅さが表われています。

『夏の日の恋』は、映画のなかではところどころで一部が流れる程度ですが、曲全体は映画のあと全米で大ヒットし、一九六〇年グラミー賞（最優秀レコード賞）を受賞します。作曲は、多くの映画音楽を手がけているマックス・スタイナーで、日本でも放映されていたテレビドラマ「サンセット77」の音楽も彼の手によるものです。

『夏の日の恋』は、もともとインストゥルメンタルですが、のちに「There's a summer place〜」と歌詞がついて、アンディ・ウィリアムスが歌います。

パーシー・フェイス・オーケストラのあと、映画音楽などクラシック以外のメロディアスな曲をオーケストラが演奏するスタイルは、日本でもイージーリスニング（音楽）として受け入れられ、一大ジャンルになりました。

ポール・モーリア、レーモン・ルフェーブル、フランク・プゥルセルといった指揮者を冠したオーケストラによる、華麗で優美な音楽が〝ポップス〟としてヒットしたのです。その後は、BGMやラウンジミュージックに位置づけされた感もありますが、ノスタルジックな思いを誘うのか、今またひそかに人気があるようです。

ユーチューブに、パーシー・フェイス・オーケストラが『夏の日の恋』を演奏する古い映像がありました。モノクロですが、なんともいえない華やかさと格式を備えています。遠く懐かしい夏の日が、よみがえってくるようです。

9　サウダージという慕情

愛の語らい　アントニオ・カルロス・ジョビン

Falando de Amor　*Antonio Carlos Jobim*

二〇一六年のブラジル・リオデジャネイロ五輪の開会式では、ボサノヴァの代表曲『イパネマの娘』が演奏され、式場につめかけたブラジル国民が歌い、モニターには、作曲者であるアントニオ・カルロス・ジョビンの姿が映し出されました。ピアノを弾いて歌ったのは、ジョビンの孫のダニエル・ジョビンで、人気モデルのジゼル・ブンチェンがメロディーに合わせてさっそうと歩きました。

リオの南部、イパネマの街に実在していた美しい少女を、ジョビンと作詞者である詩人のヴィニシウス・ヂ・モライスが目にして、彼女をモデルにこの世界的な名曲が生まれたことはよく知られています。

シンコペーションをきかせたミディアムテンポのリズムで、小粋な雰囲気を醸し出すボサノヴァ(Bossa Nova)。ポルトガル語で「新しい感覚（傾向）」という意味で、ポップスやジャズにも大きな影響を与えたこの音楽は、一九五八年の『シェガ・ジ・サウダージ』という曲が始まりだといいます。これもジョビンが作曲し、モライスが作詞、ジョビンと並んでボサノヴァの立役者として知られる、ギタリストでもあるジョアン・ジルベルトが歌い、録音しました。

この三人が『イパネマの娘』を世界に送り出していくのですが、この曲をはじめジョビンは、他に類をみない不思議な魅力に満ちた名曲を次々とつくります。ヨーロッパの音楽を基盤としながら、ブラジルに根付いている複雑なハーモニーを感じさせるコードワークによって、彼のピアノから誕生する作品は、繊細な心の動きをメロディーにあらわしているようです。

ブラジルにはよく知られる伝統的な音楽サンバのほか、「歌のサンバ」であるサンバ・カンソンやショーロとよばれる古いポピュラー音楽も生まれました。これらの底流には、サウダージと呼ばれる、遠く離れたものへの思慕のような情感がしばしば込められています。

ジョビンの曲をいくつも聴き通してみると、軽快な、いかにもボサノヴァらしいしゃれたメロディーのほかになんともいえない切なげな曲にであいます。

例えば、『Falando de Amor（愛の語らい）』。英語では「Speaking of Love」と表記されるショーロの歌です。作詞・作曲ともジョビンで、ポルトガル語で書かれた詞をみれば、自分の思いのたけを語るラヴソングですが、メロディーライン自体から哀しさが伝わってきます。また、詞のなかにも「泣く」という言葉がでてきます。

この曲は一九七九年に、ブラジルの女性歌手ミウシャとジョビンとのデュエットで発表されました。その後、アルバム「テラ・ブラジリス」（八〇年）では、オーケストラをバックにジョビンがソロで歌っています。彼の亡きあとは、息子と孫、そして生前長年活動をともにしてきた女性歌手パウラ・モレレンバウムと、その夫でチェリストのジャキス・モレレンバウムの四人によるヴァージョンで聴くことができます。

また、ジョビンを敬愛する音楽家、坂本龍一は、ジョビンへ敬愛の意を表して、自らジョビンの役を担ってピアノを弾き、モレレンバウム夫妻とともに二枚のアルバムをつくりました。そのうちのひとつ、「A DAY in new york」（二〇〇三年）では、この曲を取り上げています。チェロのやさしい音色のイントロのあとに「私の基本はボサノヴァ」というパウラの抑制をきかしながら伸びていく声が、憂いのあるメロディーをとらえます。

余計な飾り立てはなく、淡々と気持ちの抑揚を語るように、美しいメロディーラインを追っていきます。わずか四分足らず、はかなさも感じる名曲です。

10 もう私は帰れない

スペイン革のブーツ

Boots of Spanish Leather *Bob Dylan*

ボブ・ディラン

ノーベル文学賞を受賞したボブ・ディラン。賞の発表にあたって、スウェーデン・アカデミーのサラ・ダニウス事務局長は「口語で表現する偉大な詩人であり、五四年もの長きにわたり自身を改革しながら、新しいアイデンティティーを創造し続けた」（毎日新聞）と、コメントしました。その通りでしょう。ディランの歌詞は詩であり、だからディランの全詩集も出版されるわけです。

マスコミは、反戦や反権力といった詞（詩）のもつ社会的なメッセージ性に注目して、代表曲『風に吹かれて』をとりあげ賞賛しました。テレビでは、六〇年代から七〇年代前半にかけて青春時代を送った有名人たちが「若いころディランを聴いていました」と、当時を懐かしむように話していました。

詩的でメッセージ性のある歌詞。こう賞賛されるディランの歌ですが、いうまでもなく魅力的なメロディーがあり、バックミュージシャンを含めたサウンド全体、そして独特な声と歌い方のすべてがあってこそのボブ・ディランです。

〝インテリ〟が懐古趣味的に好むディラン像は、フォークギター一本でプロテストソングを歌う姿のようですが、『ライク・ア・ローリング・ストーン』のような、エレクトリックなロック調のサウンドもまた傑作です。しかし、ディランがある時アコースティック・ギターではなくエレキ・ギターを抱えてステージに上がったときは、聴衆のなかからブーイングがおこりました。音楽に対して保守的だったのは聴衆の方だったことはのちにわかったことです。

また、純粋にメロディーラインだけを聴けば、美しい曲があるのもディランの魅力です。『風に吹かれて』も、ピーター、ポール&マリーのコーラスや、ジョーン・バエズの美声によってメロディーの美しさがあらためて伝わったことで、多くの人に歌われるようになりました。

さらに社会的なメッセージ性はなくても、心を打つ詞とメロディーによる作品もディランにはあります。あの声と歌い方からすると、切なさとは無縁のように思われるかもしれませんが、『Boots of Spanish Leather＝スペイン革のブーツ』を聴いてみてください。

淡々としたメロディーに、男女の掛け合いのような言葉が乗ります。恋人を置いて船出する女が、なにかほしいものがあったら、旅先から送りましょうと恋人に告げる。すると、男はなにもいらない、いまのままの姿で帰ってくれればいい、と答える。

でも、金か銀でできたものを、マドリードかバルセロナから送りましょうかと女はきく。が、君のキスだけでいいと男はいう。ある日旅先の女から、いつ帰るかわからない、とつれない手紙が届く。男はいう。では気をつけて、できるならスペイン革のブーツを送ってくれないか、と。

そんな内容の歌詞ですが、どこかで似たような〝やりとり〟を聞いた気がしませんか。都会に出て行ったまま帰って来なくなってしまった恋人に「木綿のハンカチーフ」を送ってほしいと歌った、『木綿のハンカチーフ』（作詞松本隆、作曲筒美京平、一九七五年）です。最初はいつか帰ってくるつもりだった「ぼく」は、都会の空気に染まり、帰るつもりはなくなった。だから「ぼく」のことは忘れてくれという。それを受け入れた「私」は、せめて「涙を拭く木綿のハンカチーフ」を送ってほしいと頼む。酷いといえばあまりに酷い。が、仕方がないといえば仕方がない話を、愛らしい声で太田裕美が軽やかに歌うところがかえって切なくきこえます。

この歌が『スペイン革のブーツ』にインスパイアされたことは知られています。『スペイン革のブーツ』もまた、『Black Jack Devy』というトラディショナル・ソングがもとになっていて、この曲自体もディランはアレンジして歌っています。こちらは、家族のある女性が、豊かな生活を捨てて、男と去ってしまうという少し怖い物語です。この詞の中にスペイン革が象徴的に出てきます。

『スペイン革のブーツ』は、アルバム「The Times They Are A-Changin'」（一九六三年）で初登場しますが、それから三五年後の「Not Dark Yet～Dylan Alive Vol.2」という四曲入りＣＤに、ライブ演奏という形で蘇ります。枯れたディランの声を本流にして、ギター、マンドリンなどの支流が合流、やがてひとつの大きな流れになっていきます。

また、この曲のメロディーラインの美しさを味わうのなら、女性シンガーソングライター、ナンシー・グリフィスが、ギターで弾き語りをするヴァージョンがおすすめです。鼻にかかった愛らしい声のバックで、後半きこえてくるハーモニカはディランです。

11 散りゆくものの儚さ

枯れ葉

ジュリエット・グレコ

Les Feuilles Mortes　*Juliette Gréco*

美しさと儚さは表裏一体です。晩秋の色づく木々の葉は、きれいだなとおもっているとやがて一枚一枚落ちていく。そのあとは踏みつけられるか、さもなければ風に舞ってどこかへ行ってしまう。枯葉は、儚い。短編の名手O・ヘンリーの「最後の一葉（The Last Leaf）」をおぼえていますか。病に伏せる若い女性が生きる力を失い、窓から見える壁の蔦の葉っぱが一枚一枚と落ちていくのを見るうちに、自分の余命と重ねてしまう。そしてとうとう最後の一葉になる。これが落ちたとき私は……。

歌の世界では、シャンソンから生まれた名曲『枯葉』を思い出します。よく考えると歌のタイトルとして「枯葉」は、いかにも地味です。しかし、それが歌の言葉として響くのは、人生の機微やペーソスをテーマにするシャンソンならではだからでしょう。

曲の誕生は一九四五年、フランスのジョセフ・コズマが作曲しました。最初はバレエの音楽でしたが、四七年にジャック・プレヴェールが詞をつけて発表、翌年の映画「夜の門」のなかで歌手のイヴ・モンタンが歌います。このあと女性シャンソン歌手、ジュリエット・グレコが歌い、世に広まりました。

スローで甘いが陰のあるメロディーは、同時に感情の起伏を示すような変化に富んでいます。原題はフランス語で『Les Feuilles Mortes』。Mortes（死んだ、枯れた）、Feuilles（葉）というように、文字通り枯葉という意味です。アメリカでも英語の詞がジョニー・マーサーによって作られますが、タイトルは『Autumn Leaves』に変わります。また、歌詞の中ではAutumn LeavesとFalling Leavesとがつかわれています。

枯葉を英語に直訳すると「dead leaves」とか「withered leaves」になりますが、これでは地面に落ちてる死んでしまった葉、しなびた葉という感じになるのでまったく詩的ではないようです。しかし、だからといって「Autumn Leaves」という言葉は、「紅葉」も意味するので、〝枯れた〟というニュアンスが前面に出ないような気もします。色づいた秋の葉と枯葉とは違いがあります。このあたりが季節や情緒の細やかさにおけるアメリカと日仏との違いでしょうか。あるいは、悪くない意味での〝枯れた〟という情緒はアメリカではピンとこないのかもしれません。

オリジナルにはヴァースと呼ばれる、イントロ的な語りのような部分がありますが、英語版ではこのヴァースが省略されています。インストゥルメンタルでもよく省略されています。しかし、ジュリエット・グレコの歌をきいてもわかるように、いかにもシャンソンらしい「語りと歌の間」のようなヴァースがいいですね。このヴァースが終わると、一瞬間をおいて

♪C'est une chanson……（セテューン　シャンソン……）

と、はじまるところがなんともいえません。

歌詞は、かつて愛し合っていた二人の別れがテーマです。なんとなく不条理感が漂いますが、人生とはそんなものかもしれないという余韻も伝わってきます。そのなかで「枯葉」という言葉は、想い出の象徴のように出てきます。

日本では「枯れ」といえば、枯山水や「枯れたいい味出してるね」のようなほめ言葉もあり、「枯れ」が単なる物理的な変化ではなく、深みのある味わいや寂れたなかの美を意味することがあります。だから日本人はより一層「枯葉」という歌に惹かれるのではないでしょうか。

シャンソンからはじまった「枯葉」ですが、ポップス、さらにジャズの世界で好まれ実に多くのアーティストがカヴァーしています。そのひとつ、カントリーを軸にアメリカン・ソングのレジェンドのようなウィリー・ネルソンも、しんみりとそしてクールにこぶしのきいた節回しできかせます。「Without A Song」というアルバムに収められていますが、日本での発売時のアルバムタイトルは「枯葉」です。

また、エリック・クラプトンのブルージーな「枯葉」は、ギターの〝むせび泣き〟がきこえてきます。数々の名曲を独自のアレンジできかせるエヴァ・キャシディもとりあげています。三三歳で早世した彼女が大胆なアレンジを施し、ギター一本で悲しげに歌う『枯葉』からは深い抒情性を感じます。

ピアノでは、意表をつくようなイントロではじまるビル・エヴァンスのアップテンポの演奏は、ジャズの世界では有名です。また、トランペッター、チェット・ベイカーの『枯葉』は抑制された演奏がクールです。アルバム「She Was Too Good To Me」に入っていますが、これも日本でのタイトルは「枯葉」。こういう『枯葉』に接すると、曲そのものに聴き入ると同時に、枯葉と晩秋の景色をしみじみ眺めていた昔がとても懐かしくなります。

12　深夜にひとり取り残されたようで

ミスター・ロンリー　レターメン

Mr.Lonely　*The Lettermen*

スマホも携帯電話もなく、ぶらりと出かけるコンビニもなかったころ、ひとり深夜にぽつんと部屋にいると、ラジオの深夜放送のＤＪの語りが、さびしさを紛らわす唯一の手段だった時代がありました。一九七〇年代のことです。

しかし、ＤＪのしゃべりもやがてうつろに響いてきます。音楽でも聴いて気を紛らわそうと、ＡＭからＦＭ放送に切り替え、そして選局の針がエフエム東京に合ったところで『ミスター・ロンリー（Mr. Lonely）』がきこえてきます。深夜の名番組「ジェット・ストリーム」のオープニング曲です。フランク・プゥルセル・グランド・オーケストラが奏でるゆったりとしたメロディーとともに伝説の声優、城達也さんの格調高い落ち着いた語りが電波にのってきます。

「夜間飛行のジェット機の翼に点滅するランプは、遠ざかるにつれ、次第に星のまたたきと区別がつかなくなります。お聴きいただいておりますこの音楽が、美しく、あなたの夢に溶け込んでいきますように……」

果てしない夜空と輝く星。それに比べればちっぽけな存在の自分。なんだかよけいさびしく、しんみりとして切なくなってきます。

『ミスター・ロンリー』は、当時、男性のコーラストリオ、レターメンのヴァージョンもラジオからよく流れていました。

♪Lonely, I'm Mr. Lonely.　I have nobody to call my own.
And I am so lonely, I'm Mr. Lonely　Wish I had someone to call on the phone

「さびしくて、ひとりぼっちで、誰かと電話で話したいな」と、澄んだハーモニーがはじめに流れます。

さびしがり屋の歌だ、とわかります。つぎに「Now I'm a soldier, lonely soldier」と続きます。Soldier（ソルジャー）といえば兵隊。どういう展開になるんだろうと思っていると、兵士として故郷を離れ、孤独に浸っている気持ちを歌っているのでした。そのあとさらに、「手紙も来ないし、忘れられちゃった。家に帰りたい」と嘆きます。

『ミスター・ロンリー』は一九六〇〜七〇年代にかけて、アイドル的な存在だったアメリカ人男性歌手、ボビー・ヴィントン（Bobby Vinton）が、六四年にヒットさせました。作詞・作曲はヴィントンとジーン・アレンのコンビです。五〇年代のドゥーワップ（R&Bのコーラス）人気と、やがて来るビートルズ旋風の間にあって、ヴィントンの甘く切ない歌い方は、全米のティーンエイジャーの心をとらえ、この時代、『ブルー・ヴェルヴェット』など数多くの大ヒットを記録しました。

ヴィントンの『ミスター・ロンリー』は、この曲をカヴァーしたレターメンに比べると、湿っぽく、「ぼくはさびしい兵士だ」と歌うサビの部分は、むせび泣くようです。

六四年八月、東シナ海のトンキン湾でアメリカの駆逐艦などが北ベトナムから魚雷攻撃を受けます。このいわゆるトンキン湾事件をきっかけに、アメリカはベトナム戦争に深く足を踏み入れていきます。アメリカの多くの若者が兵士となって故郷を離れ、〝ロンリー・ソルジャー〟になるわけです。当時は単なるバラードとしては聴けなかったでしょう。孤独とともに郷愁を誘う曲でもありました。

日本でこの曲をとてもしんみりと歌っている人がいます。シンガーソングライターの浜田真理子です。ピアノの弾き語りで、オリジナルから昭和の歌、そしてブルースやロックを、スローでカントリーブルース的な味わいで聴かせる個性的な歌い手です。島根県松江市をベースに活動していますが、全国に熱烈なファンがいます。

彼女は『ミスター・ロンリー』をゆっくりと、〝ため〟をきかして歌います。ピアノで語りかけるようにするのですが、ふつうとはちょっと違います。というのは、イントロは『ミスター・ロンリー』なのに、歌の始まりは堺正章の『街の灯り』（七三年）になっているのです。それがいつしかまた『ミスター・ロンリー』に変わり、また『街の灯り』に戻り、エンディングはロンリーです。

阿久悠が作詞し、『石狩挽歌』などブルース演歌の名曲もてがけた浜圭介が作曲した『街の灯り』。「♪そばに誰かいないと　沈みそうなこの胸～」で始まるこの歌は、じわっとした温かさと同時に、ひとりでいるさびしさも隠れているようです。

二つの歌を比べると、「ロンリー、アイム、ミスター・ロンリー」と、「そばに、誰か、いないと～」の歌いだしが、なるほどよく似ています。

よくも悪くも、日本の都市の生活では夜の闇はなくなりましたが、真の孤独は、コンビニのあかりや電話、メールではそう簡単に消えないでしょう。だとしたら、自分の気持ちを代弁してくれる『ミスター・ロンリー』と一緒に、孤独（Loneliness）に浸ってみるのも悪くないと思いますが、どうでしょう。

13　祭りが終わったあとで

ザ・ロードアウト／ステイ

The Load-Out / Stay　*Jackson Browne*

ジャクソン・ブラウン

縁の下の力持ちという人は、いたるところにいるものです。会社でも地域のコミュニティーでも、目立つ人や優れた業績の陰には、それを支える何倍、何十倍もの地道に働く人がいます。でも、文字通り「縁の下」だからふつうは見えません。

そういう人たちの仕事に感謝し、ねぎらいの声をかけているやさしい歌があります。テーマとしてはめずらしいでしょう。

アメリカのロック界のレジェンド、ジャクソン・ブラウンが歌う、『The Load-Out（ロードアウト）』と『Stay（ステイ）』という二つの曲をメドレーにした『ザ・ロードアウト／ステイ』という長い曲です。

ロサンゼルスで育った彼は、ウェストコースト・ロックのシンガーソングライターとして六〇年代後半から活動、イーグルスの『テイク・イット・イージー』の共同制作者としても知られています。

『ザ・ロードアウト／ステイ』は、一九七七年にリリースされた五枚目のアルバム「Running On Empty」の最後に収められています。このアルバムは日本では「孤独なランナー」というタイトルで発売され、名盤と評価されています。

音楽を取り巻く技術は進歩しても、コンサートは多くの人の力仕事なくしては成り立たないのは今も昔も変わりありません。『ザ・ロードアウト／ステイ』の歌詞は、コンサート・ツアーの雰囲気をつたえ、それを支えるスタッフやファンへやさしいまなざしを向けています。

まず、『ザ・ロードアウト』（ジャクソン・ブラウンとブライアン・ガロファロの共作）からはじまります。ゆったりとしたピアノのイントロのあと、「♪Now the seats are all empty（客席はみんなからっぽになった）」と、コンサートの終わりを想像させるところからはじまります。そのあと徐々に盛り上がっていくこの曲が六分にわたって続き、一瞬間をおいて、『ステイ』に切り替わります。

「もう少しここに居てほしい」と、繰り返す『ステイ』は、歌詞もメロディーも覚えやすく、どこかで聴いたポップスだな、という気がしますが、実はブラウンのオリジナルではなく、モーリス・ウィリアムス&ザ・ゾディアックスというドゥーワップのコーラスグループが六〇年にヒットさせた曲です。ベン・E・キングの『スタンド・バイ・ミー』やサム・クックの『ワンダフル・ワールド』などに似て、自然と体を動かしたくなるダンサブルなリズムが特徴です。

ジャクソン・ブラウンのバンド・メンバーとして重要な役割を担うデヴィッド・リンドレーが奏でるスチール・ギターをはじめ、女性ヴォーカルとしてローズマリー・バトラーの声も入ります。

「もう少しだけいてくれないか（Stay, just a little bit longer,……）
お願いだよ、そばにいるって言ってくれ
パパもママも気にしないよ」

オリジナルの歌詞はこんな風にはじまります。しかし、ブラウンは、オリジナルと同じように「もう少しここに居てくれないか」といったあとで「プロモーターも労働組合も気にしないさ」などとつづけます。なんのことかというと、答えはその前の『ザ・ロードアウト』の歌詞にあります。

彼は、ファンやスタッフに対して、ねぎらいの気持ちを込めて歌っているのです。ステージは終わったけれど、もう少し歌うから一緒に歌おうと呼びかけます。つまり『ステイ』のなかでは「気にしなくていい、もう少しここに居てくれ、みんなのために歌うから」となる。ラヴソングではなくねぎらいと感謝の歌です。

ロックであれなんであれ、大きなコンサートツアーは、何台ものトラックで機材を運び、ステージをくみ上げ、楽器をセットアップします。そして一ヵ所のステージが終われば、今度はステージを解体し、またトラックに載せてツアーに。日本でもアメリカでも同じで、距離の違いこそあれ、町から町へと旅の連続です。

機材の搬送やステージの設営など力仕事をする人たちを「ローディー（Roadie）」といいます（日本では、楽器・機材の係を指す）。黒いシャツを着て、タトゥーを入れている人もいます。彼らがいなければ、華やかなステージも成り立たないし音楽ファンも楽しむことはできないのです。

どんな世界でも同じです。華やかな表舞台に立つ人と陰で支えている人がいる。そういう人たちのことを考えたくなる歌です。

14 明日が見えなくなったとき

サウンド・オブ・サイレンス

サイモン&ガーファンクル

The Sound of Silence　*Simon & Garfunkel*

ある年の二月、家の近くの図書館に行くと、季節柄か特設のコーナーに「卒業」をテーマにしたさまざまな本が並んでいました。そのなかに『「卒業」Part2』という本がありました。表紙は、有名なアメリカの青春映画「卒業」のラストシーンで、本はこの映画の原作の続編でした。

一九六七年に公開された「卒業(原題：The Graduate)」は、目標がいまひとつ定まらず大人の世界に入ろうとする青年の過ちと、そこからの脱出を描いています。有名なラストシーンでは、他の男と結婚を決めた彼女のことをあきらめきれない青年が、まさにウェディングの真っ最中の彼女を略奪しようとします。すると彼女の方もこれを受け入れ、式場から二人して手を取り合い逃げ出してしまいます。

主人公をダスティン・ホフマンが、彼女をキャサリン・ロスが演じました。印象的なシーンが多い映画ですが、画面を通して流れるサイモン&ガーファンクルのいくつもの名曲がまた心に残ります。『サウンド・オブ・サイレンス』『スカボロー・フェア』『ミセス・ロビンソン』『四月になれば彼女は』。ギターサウンドをバックにした二人のハーモニーがシーンを彩ります。

ホフマン演じる主人公のベンジャミンは、裕福な家庭に育ち、優等生として大学を卒業、家族や周囲の祝福を受けます。将来は明るいはずです。それなのに、自分ではどこに向かっていったらいいのかわからない。その心の隙間を突かれるようにロビンソン夫人に誘惑され関係を持ってしまう。

一方で、夫人の娘のエレインとは心が惹かれあう。夫人から、エレインと別れろ、いやなら情事を暴露すると迫られた彼は、自らエレインに告白してしまう。これで傷ついた彼女は別の男と結婚することに。

彼女が失意のときに流れるのが、イングランドの民謡をアレンジした、ハーモニーの美しさが際立つ『スカボロー・フェア』。結婚してしまう彼女を追いかけ、主人公がアルファロメオ・スパイダーでぶっ飛ばすときは、力強いギターのカッティングで弦を鳴らす『ミセス・ロビンソン』。

そして冒頭のシーンで主人公の登場とともに流れるのが『サウンド・オブ・サイレンス（The Sound of Silence）』です。直訳すれば「静寂の音」という、タイトルからして詩的ですが、歌詞も「♪Hello darkness my old friend」（やあ暗闇、ぼくの古い友だちよ）と、自分と世界との距離を暗示してはじまります。

静寂のなかで緊張感が漂い、とらえどころのない世界へのいら立ちともとれる歌詞がつづき、サウンドも言葉も激しさを増していきます。ナイーブで鋭い感覚をもっているがゆえに傷ついてしまう心の表われのようで、この点に切なさを感じます。冷気、引き裂かれた夜、ガンのように体をむしばむ静寂、といった言葉づかいを見れば、暗澹たる歌のように思えますが、美しいメロディーとハーモニーによってこれらは中和され、もの悲しく静かに終わります。

織田裕二が主演した「太陽と海の教室」（二〇〇八年）というテレビドラマのなかにこの曲が挿入されましたが、もの悲しさが印象に残ったという二十代、三十代もいるようです。

もともとこの曲は、この映画より三年前の一九六四年に発表された彼らのデビュー・アルバム「水曜の朝、午前3時（Wednesday Morning, 3A.M.）」に収められていました。ここでの『サウンド・オブ・サイレンス』は、のちに映画で使われるヴァージョンとは違い、アコースティック・ギターだけをつかったシンプルなフォーク・サウンドでした。

清々しさを感じますが、アルバムはほとんど評判にならず、作者のポール・サイモンはロンドンへ旅立ちます。ところが翌年、ボストンのあるラジオ局の番組で取り上げられたところ大反響を得ます。

「孤独とコミュニケーションの喪失」を歌ったともいわれるこの歌に、若者は強く反応しました。そこでレコード会社は、当時のフォークロックの波に乗ろうと、二人に相談なくオリジナルにエレクトリックなサウンドをオーバーダビングして売り出しました。それが大ヒットにつながりました。

映画のなかで、卒業はしたものの目標を見失ったようなベンジャミンの虚ろさが、『サウンド・オブ・サイレンス』のもの悲しさと響きあいます。

毎年春になると、学校を卒業し、社会への船出に胸を膨らませる人は多いでしょう。だが、その一方で就職は決まったものの、いったい自分はほんとうはなにをしたいのかなどと、自身の虚ろな心を覗いている人も決して少なくないのでは。そういう心にこの歌は、静かに忍び込んできます。

15　つかみきれなかった幸せ

青春の輝き　カーペンターズ

I Need To Be In Love　*Carpenters*

取材のための女性歌手へのインタビューのなかで、「好きな歌手、あるいは憧れの歌手はだれですか」と、しばしばたずねてきました。すると、答えのなかでもっとも多くあがった名前は、カレン・カーペンターでした。

一九七〇年代から八〇年代はじめにかけてポップスの世界で一世を風靡したカーペンターズの女性ヴォーカルとして、カレンの声と歌い方は、世代を超え、国境を越えて人々を魅了し、いまでも新たなファンを獲得しています。二〇一七年に放映されたテレビドラマ「就活家族」でもカーペンターズの『Rainy Days And Mondays（雨の日と月曜日は）』という憂いのある曲が使われていました。

カレンの声は、艶があり、奥行きが深く、吐息のように吐き出す声すら遠くまで響くような力があります。三オクターブを超える音域をもち、高低を容易に表わす声は、ほどよく上下するジェットコースターで運んでくれるような心地よさがあります。とくに低音域で独特の美しい響きをもっていることは、最初のヒット曲『Close to You（遥かなる影）』の、「♪Why do birds suddenly appear」という歌いだしから感じます。また、英語の発音の美しさも評判でした。

兄のリチャード・カーペンターと組んでのカーペンターズは、作曲・編曲するリチャードが、カレンのヴォーカルの魅力を引き出すサウンドをつくりだし、カレンもまた長い間、兄でなければ自分の力を発揮できないとわかっていました。

オリジナルでも、カヴァーでもカーペンターズサウンドというものがありました。カレンのヴォーカルを軸とし、バックコーラスを巧みに使い、多重録音で厚みを増すなど精緻に作りこまれたサウンドです。こうして『スーパースター』『トップ・オブ・ザ・ワールド』『イエスタデイ・ワンス・モア』などの大ヒット曲を短い間につぎつぎと世に送り出したのです。

七〇年代といえば、ビートルズ解散のあと、ロックを中心に時代や社会を引っ掻くようなサウンドが若者の心をとらえました。レコード会社もこうした流れにのっていたので、上品で聴きやすいカーペンターズの音楽は、〝いい子ちゃん〟過ぎるともいわれ、当初はイージーリスニングの部類ととらえられることもありました。

しかし、そんな〝偏見〟もカレンの歌声を聴きつづければ、自然と消えていきました。また、サウンドは心地よい一方で、歌詞は青春の孤独ややるせなさをテーマにしているというナイーブな面も評価され、ポール・マッカートニーはじめ多くのアーティストがカーペンターズを賞賛しました。

『Goodby to Love（愛にさようならを）』の世界は、愛に別れを告げ、私はひとりで生きていくんだという孤独感に満ちています。また、『I Need To Be In Love（青春の輝き）』では、求めすぎてしまい、無駄な時間を使ってしまう私はバカだな、と悲しげに自嘲しています。

ともに作詞は、長年リチャードとコンビで詞を書いてきたジョン・ベティス、作曲は前者がリチャードで、後者はリチャードとアルバート・ハモンドの二人です。この二つの歌をカレンはとても気に入っていたそうです。それはまるで、表面上は華々しく疾走するように見えても、実際は心に大きな空洞を抱えていた、カレン自身の人生を表わしているようだったからかもしれません。

一九八三年二月四日、カレンは神経性食欲不振症（拒食症）が原因で急逝します。まだ三二歳でした。当時、美声のカレンが亡くなったことは世界中を驚かせ、同時にその原因も注目されました。

兄のリチャードに誘われてバンドを組み一九歳でプロになり、以後兄との二人三脚でスーパースターになった彼女ですが、ライフスタイルはアメリカの中流階級のふつうの〝少女〟でした。自分の体形を気にしダイエットに走り、一時は、身長一六三センチで三五キロになるまでに減量。その原因は『カレン・カーペンター　栄光と悲劇の物語』（レイ・コールマン著、安藤由紀子・小林理子訳、ベネッセ、一九九五年）に詳しく書かれていますが、さまざまな要因が重なっていたようです。

いくつも恋をするけれど続かず、ようやく結婚してもうまくいかず、離婚する直前に彼女は亡くなります。

カーペンターズの魅力を開花させたのは、彼らが所属するA&Mレコードの創始者のひとりであるハーブ・アルパートです。『ビター・スウィート・サンバ』（オールナイト・ニッポンのテーマソング）などのヒットで日本でも知られるザ・ティファナ・ブラスのリーダーでソロ・トランペッターとしても活躍するアルパートは、本書のなかでこう言っています。

「カレンはかわいらしい〝少女から脱皮できない女性〟で、ヒット・レコード以上に自分の人生を満たしてくれる何か、あるいは誰かをつねに探しており、それを追い求める姿がひどく孤独で、ひどく無邪気に感じられた」

音楽的な成功の陰でうまく生きることができなかった彼女の人生を知ると、彼女の好きだった二曲が、ずいぶんと切なくきこえてきます。

16 変でもいいの、私だけのあなた

マイ・ファニー・ヴァレンタイン

My Funny Valentine *Chet Baker*

チェット・ベイカー

夕方の電車のなかで、女子中学生ふたりが両親のことをあれこれ話しているのが聞こえてきました。ひとりがこう言いました。

「それで、うちのお母さんがお父さんに『あなたって、ほんと趣味が悪いわね。ネクタイもいまいちだし、眼鏡もそうだし、ほんとに』って言ったら、お父さんが言い返したの。『だから、おまえを選んだんだ』って」

思わずくすっとしてしまいました。お母さんは、結局天に唾するようなことになってしまったわけです。「割れ鍋に綴《と》じ蓋」というか、身も蓋もない話ではあります。

しかし、話はまだ続きがあって、そのあとこの子がいいました。「でも、あとでお父さんが付け加えたの。『でも、おれはいい趣味してると思うけどね』って」

世の中のカップルは多かれ少なかれこの夫婦のようなものではないでしょうか。客観的に見れば、互いに欠点はあるし、でもそれぞれにとっては、自分だけの〝お気に入り〟なわけです。そんな世界は

歌にも登場します。

ジャズ・スタンダードのなかの古い歌『マイ・ファニー・ヴァレンタイン（My Funny Valentine）』です。ひとことでいえば、不思議な味のするちょっと切ない歌。多くのミュージシャンによって演奏され、また、歌われてきました。タイトルは、そのまま日本語にすれば「私のおかしなヴァレンタイン」とか、「ぼくのへんてこなヴァレンタイン」といった一風変わった感じです。

もともとミュージカルに登場した曲で、ここではヴァレンタインは男性の名前でした。ただ、女性の名前にも使われるので、歌い手が男性なら女性をイメージして歌われるようです。それにしてもラヴソングとしては、不思議なタイトルです。「素敵なあなた」といったありきたりの言葉ではなく、「変な人」と呼ぶわけです。歌詞の内容もタイトルを反映しています。

「あなたは、なんかちょっと変わっていて、いけてないけど、でもそれがいいの、そのままでいて」。そう語りかけます。

作詞はロレンツ・ハート、作曲はリチャード・ロジャース。数多くのブロードウェイ・ミュージカルの曲をてがけた有名なコンビで、代表曲には、エルビス・プレスリーがカヴァーした『ブルー・ムーン』などがあります。

マイ・ファニー・ヴァレンタインは、一九三七年のミュージカル「Babes in Arms」で、女性がヴァレンタインという名の恋人に向かって歌いました。二年後同名で映画化され、ここではジュディー・

ガーランドが歌っています。
五〇年代以降、多くの歌手だけでなく、ジャズ・ミュージシャンによってカヴァーされてきました。哀感ただようメロディーラインのせいでしょう。
歌詞は、内面のことよりも、外見のことを変だとストレートにいいます。

♪Your looks are laughable, unphotographable
（あなたのかっこうには笑っちゃうし、全然写真むきじゃないし）

♪Is your mouth a little weak
（口元は、しまりがないわねよ）

こんなふうにケチをつけていますが、結局「でも、髪の毛一本でも変えないでね。もし私のことが好きなら、そのままでいて」と、最後に付け加えます。
さんざん欠点をあげておきながら、でも私はそのあなたがいい、だから絶対そのままでいてと願う。その落差が、かえって気持ちの深さを表わしています。言外に、ほかの人がなんていおうと、「私だけのヴァレンタイン＝マイ・ファニー・ヴァレンタイン」という気持ちがこもっています。

作詞したロレンツ・ハートは、二三歳のときに一六歳のロジャースと共作をはじめブロードウェイで成功し名声を得ます。しかし、身体的には小人症やホモセクシャルであることで悩み、父親には冷たくされていました。

作風は、情熱的である一方、暗い部分も持ち合わせています。相棒のロジャースはハートの詞にはシニカルな傾向があり、共作するときはその点に影響されていたといいます。まさに、複雑な人の気持ちを表わすハートの詞の意味を、ロジャースが見事にメロディーに反映させたのが『マイ・ファニー・ヴァレンタイン』でした。

フランク・シナトラ、エラ・フィッツジェラルドなど実力派シンガーが歌い、またジャズの帝王マイルス・デイヴィスのトランペットによる、深く沈んでいくような美しいヴァージョンもあります。それぞれに味わい深いものがありますが、私は、トランペッターでありシンガーでもあるチェット・ベイカーに惹かれます。

わずか二分一七秒。ハスキーヴォイスで物憂げに淡々と歌います。一九五六年の初期の名作「チェット・ベイカー・シングス」に収められています。

17 泣かないで、きっとうまくいくから

ノー・ウーマン ノー・クライ

ボブ・マーリー

No Woman No Cry　*Bob Marley*

カリブ海に浮かぶ、秋田県ほどの小さな島国ジャマイカが生んだスーパースター、ボブ・マーリー(Bob Marley)。一九八一年に三六歳の若さで亡くなったギタリストでありシンガーソングライターである彼は、「ボブ・マーリー&ザ・ウェイラーズ」を率い、レゲエを世界中に広めました。うねるようなグルーヴ感、絞り出すような掠れたヴォーカル。シャウトする歌でも、どこか哀愁を帯びるメロディー。このボブ・マーリーが歌ったなかでもっとも哀し気に、そして美しく響くのは、『ノー・ウーマン ノー・クライ(No Woman, No Cry)』ではないでしょうか。

英語の歌詞が意味する内容からすれば、「No, Woman, No Cry」とするとわかりやすくなります。「だめだよ(No)、女(たち)、泣いちゃだめだ(No Cry)」といっています。「No Cry」は「Don't Cry」です。

泣きたいような状況にあるのでしょう。でも、泣くなよ。そういっています。それが、繰り返される。泣きたくなるような状況については、そのあとで語られますが、男女の別れとか、色恋の話ではありません。

生活すること、生きるなかでの現実的な苦しさであり、社会に対する不条理へのたまらない怒りや悲しみです。でも、最後には、

「エヴリシングズ・ゴナ・ビー・オールライト(Everything's gonna be alright)=きっとみんなうまくいくさ」と、慰めとも前向きな姿勢ともとれる言葉が繰り返されます。

マーリーの歌は、社会や人間の生き方や精神のあり方と深くかかわっています。六〇年代、七〇年代のジャマイカ国内の貧困、争い、抑圧、暴力に対する嘆きや怒りと、自由や解放を叫ばずにはいられない気持ちが表われています。この点は、黒人のアフリカ回帰運動などをベースにした宗教的思想であるラスタファリ運動からの影響もあります。

エリック・クラプトンがカヴァーして有名になった『アイ・ショット・ザ・シェリフ(I Shot The Sheriff)』というマーリーの曲は、「おれは保安官を撃った」という刺激的なタイトルであり、それが歌詞のなかでも繰り返されます。

『ゲット・アップ、スタンド・アップ(Get Up, Stand Up)』は、「起き上がれ、立ち上がれ、権利のために立ち上がれ」と繰り返し、世俗的、宗教的な唱えごとの嘘を暴くような言葉がつづきます。

『リデンプション・ソング(Redemption Song)』には、奴隷として扱われた者の苦渋が込められ、自由と救済を宣言しています。こうした強烈なメッセージ性のある歌詞が、「ンチャ、ンチャ」という体をゆ

すりたくなるレゲエの「裏拍の」リズムのなかに溶け込んでいます。

『ノー・ウーマン ノー・クライ』は、これらに比べるとストレートな訴えではありません。しかし、苦しいなかでも弱いものへ向けるまなざしと、生きることへのひたむきさが伝わってきます。

マーリーの父親は、イギリス軍の西インド諸島連隊に所属する白人の軍人で、母親はアフリカ系の現地の女性です。一九四五年ナインマイルズ村で生まれ育ったマーリーは、六歳のときに首都キングストンの父親の知人宅に預けられ、その後は親戚の家をたらいまわしにされるなどし、根無し草的な生活を余儀なくされました。やがて父親は亡くなり、母親は再婚します。

残った一八歳のマーリーは音楽に入れ込み、キングストンのスラム街で、ギターを抱え友人たちと音楽をつくるようになります。それが、「ボブ・マーリー&ウェイラーズ」の原型です。

このころの貧しくもタフに生きた経験からのちに『ノー・ウーマン ノー・クライ』は生まれます。この歌の作者として、彼の古い友人であるヴィンセント・フォード（Vincent Ford）の名が公式に記されていますが、印税が彼に入るようにするためそうしたともいわれています。

歌詞が描くのは、キングストンのトレンチタウンと呼ばれた下水溝（トレンチ）の上にできたスラム街で暮らしていたころのことです。

……あのころ二人して座りながら見ていたね。偽善者たちが善良な人たちに混じりこんでいるのを。
火を焚き、コーンミール（おかゆ）を作って分け合って食べた。そこでいい友と会ったし、友を失った。
未来は輝いているが、昔のことを忘れちゃいけない……

ハモンド・オルガンによるイントロが〝あとノリ〟のリズムに乗ってはじまり、つづいてスローに「ノー・ウーマン ノー・クライ」と繰り返される。一九七四年にこの歌は発表され、翌年のライヴでの録音ヴァージョン（アルバム「Live!」に収録）が名作として評価されています。「だから、もう泣くな、きっとすべてうまくいくさ」。何度聴いても心にしみるフレーズです。

参考：中村直也監修『ボブ・マーリィ・ファイル』シンコーミュージック、二〇〇四年、マーシャ・ブロンソン著・五味悦子訳『伝記 世界の作曲家 ボブ・マーリー』偕成社、一九九九年。

18 生き方は変えられない

グラン・トリノ

ジェイミー・カラム／クリント・イーストウッド

Gran Torino　*Jamie Cullum / Clint Eastwood*

見終えた後に、じわっと静かな感動がやってくる。クリント・イーストウッドが主演、監督をつとめた『グラン・トリノ（Gran Torino）』（二〇〇八年）は、そういう映画です。

この映画が公開されたとき彼は七八歳。当時はこれが最後の主演・監督作品になるのではないかともいわれた作品は、「たとえ、老いはしても一匹狼の男をヒーローとして賛美するという映画作家として追い求めてきたテーマの集大成*」と評価されました。

かつて朝鮮戦争に従軍した主人公のコワルスキーは、長い間フォード車の生産現場で働いてきましたが、妻に先立たれひとりでデトロイトの近くで暮らしています。親を気遣うようなふりをしているが、実は自分たちの利益を優先させている子供たち一家とはそりがあいません。近隣とのつきあいもほとんどなく、気難しく排他的なところがあり、信仰にも否定的です。

あるとき隣にアジア系モン族の一家が引っ越してきます。最初は彼らを忌避していたコワルスキーですが、同じモン族の不良に絡まれているこの家の少年の面倒をみるようになったことから、最後は彼らのために身を挺してこの不良たちに立ち向かいます。戦争のトラウマを抱え、重い病を抱えていたコワルスキーが、自分の生き方をまっとうすると同時に贖罪でもあるような最期でした。
深い余韻をもたせたまま画面はエンドロールとなり、ピアノの音がゆっくりと、「終わりのはじまり」を告げます。絞り出すような老いた男の声が、歌とも語りともいえない言葉を切ないメロディーにのせる。イーストウッド自身の声です。

♪So tenderly　Your story is nothing more than what you see……

ワンコーラスがおわると、主役は代ってジェイミー・カラムが、

♪Realign all the stars……

と、このテーマ曲を歌い継ぐ。イギリス人のジャズ・シンガーであり、ピアニストでもあり曲作りもてがける才人として知られるカラムの声は、少しざらついた男らしさと鼻にかかったようなところに味があります。
曲の基本となるメロディーは、ジャズ愛好家でありピアノも弾くイーストウッドがつくり、これを映画音楽を担当した彼の息子で、ジャズベーシストで作曲家のカイル・イーストウッドらがととのえました。作詞はジェイミーで、クリントらと一緒につくりあげていったといいます。

グラン・トリノとは、コワルスキーが大切にしている六〇年代から七〇年代に製造されたフォード社の車名のことで、古き良き時代への哀惜の象徴として登場します。歌のなかでも「グラン・トリノの（エンジン音の）囁き」が、孤独な過去を呼び起こします。「人生はこれまで残してきたちっぽけなものを集めただけのことだ」と、何度も繰り返し、歌詞もメロディーも余韻を残して終わります。

監督が描こうとしていた世界は、このテーマ曲にも表われています。映画のテーマをジェイミーらがくみ取り、見事にイメージを膨らませています。それが成功したのは、この映画だけではなく、イーストウッドが一貫して描こうとしてきた人間（ヒーロー）のあり方のようなものについての理解があったからでしょう。

一九六〇年代に日本でもよく知られたテレビ西部劇「ローハイド」への出演で頭角を現わし、映画「荒野の用心棒」などで一匹狼的な男を演じ、さらに七〇年代に入ってからは「ダーティハリー」で刑事に扮します。悪を潰すのに暴力も辞さないこのクールでニヒルなキャラクターは評判を呼び、以後シリーズ化され、彼の名声はゆるぎないものとなりました。

監督としても七〇年代から作品を手がけ、九二年には西部劇「許されざる者」で、アカデミー賞作品賞を受賞。こうしてある意味娯楽映画で富も名声も得たイーストウッドですが、監督として目指した映画は、時代に迎合するような娯楽作品からは遠いもので、その特徴のひとつは、自分の性分や生き方は曲げられない孤独な男が登場することです。

若いころに結婚しながら、その後も多くの女性と浮名を流し、海沿いの豪邸に住み、一時は地元市政に不満をもちカリフォルニア州カーメル市の市長にもなる。だが、生き方もつくる映画も基本は変わらず、使われる音楽もその映画のテーマであると同時に、イーストウッドの理想とする世界を反映してきました。

一九九九年の主演・監督映画「トゥルー・クライム」では、酒と女にだらしがない元敏腕新聞記者が冤罪を暴きます。映画はヒットしませんでしたが、彼も曲作りに加わったテーマ曲『Why Should I Care』を歌ったのは、名だたる女性ジャズ・シンガー、ダイアナ・クラールでした。自分のやり方を曲げられない男の哀愁が、クールなハスキー・ヴォイスとジャジーなメロディーによく似合っていました。

＊マーク・エリオット著・笹森みわこ・早川麻百合訳『クリント・イーストウッド――ハリウッド最後の伝説』早川書房、二〇一〇年。

19 めまいがする灼熱の傷み

サマータイム　ジャニス・ジョプリン

Summertime　*Janis Joplin*

「夏にちなんだ名曲」は、毎年夏になるとラジオなどでよく特集されます。人によって時代によってさまざまでしょうが、そのテーマはいくつかの種類に分けられるようです。

ひとつは、「夏が来れば思い出す　はるかな尾瀬……」と歌われる唱歌『夏の思い出』のような、夏の日へのノスタルジックな感傷です。フォークなら吉田拓郎の『夏休み』がそうでしょう。ゆずのふたりがさわやかに歌う『夏色』も、ほのぼのとした夏の時を歌っていますが「子供のころと同じように」といった言葉が出てくるようように、郷愁をかきたてられます。

TUBEのように、暑さと好きな人への情熱を交錯させ、エネルギーを発散させるのも、夏ならではです。そして、夏と言えば、日常から離れて旅先や合宿先などで誰かと出会い、そして別れるという青春のひとこまへの追憶もテーマです。

これらとは趣きを異にし、とくにテーマがあるわけではないのですが、猛暑に頭がくらくらしてくると必ずといっていいほど思い出す夏の名曲があります。『サマータイム（Summertime）』です。ジョージ・ガーシュウィンが作曲し、ジャズやロックなどさまざまなジャンルの歌手によってカヴァーされてきたスタンダードです。

この曲は、アメリカ南部サウス・カロライナ州の作家デュボーズ・ヘイワードの小説「ポギー」をもとに、一九三五年に作られたオペラ「ポギー&ベス」のなかで登場します。作詞はヘイワード自身です。

サウス・カロライナの貧しい黒人たちの生活を描いた物語のなかで、子守唄として登場します。クラシックからジャズ、ポップスを融合させた音楽の担い手して、大きな功績を残したガーシュウィンは、このオペラをつくるため、サウス・カロライナのチャールストンにまで足を運び、現地に残る黒人音楽を探りました。サマータイムもこうした黒人音楽の影響を色濃く反映しています。

♪Summertime, And the livin' is easy
Fish are jumpin'
And the cotton is high
(夏は、楽に暮らしていける
魚は跳ねてるし　綿花もこんなに育っている)

物悲しいブルース調の歌は、この舞台ののちビリー・ホリデイやエラ・フィッツジェラルドなど大御所が歌い、ノラ・ジョーンズなど次世代の有名なジャズ・シンガーによってカヴァーされます。ホリデーはけだるく、ジェラルドはしっとりと、ジョーンズはクールにこなしています。

　これらのなかで異色中の異色は、ロック・シンガー、ジャニス・ジョプリン（Janis Joplin）のヴァージョンです。一九七〇年一〇月、二七歳で薬物中毒のため急逝した、白いブルース歌手ともいわれた彼女の『サマータイム』は、ヒリヒリと肌にさすような真夏の陽射しであり、炎天下で冷えた水を一気に飲み込んだ時に頭にツーンとくる刺激のようです。

　掠れてながら力強く、慟哭ともきこえる、喉から絞り出す彼女の声は、原曲の意図を離れて独自の世界をつくりあげています。歌の魅力は、歌い手の人生とは切り離されて純粋に評価されるのはいうまでもありません。しかしそれでも、平凡を嫌い破滅的に自由を求め、拒絶されることへの怒りをもち、ドラッグとセックスに溺れた果てに逝ってしまったような彼女の生き様を思うと、より一層この『サマータイム』が切なくきこえます。


　テキサス州のポートアーサーというメキシコ湾岸の保守的な地に生まれ育った彼女は、幼いころは聖歌隊で歌っていました。ブルースの女帝ともいわれたベッシー・スミスなどを聴いて歌手になろうと思ったようです。そして黒人差別に嫌悪し、反対する。だが、それは保守的な地では、周囲の常識から外れることになり、同級生からも反感を買い「黒人の愛人」などと呼ばれます。

　自由に振る舞い、人や社会に従うことを拒絶するため、周りから咎められるような青春期を送る。時代は、ベトナム反戦や公民権運動が盛んなころ。彼女は、息苦しい地元を離れ、放浪し、カリフォルニアに出ます。

一九六七年、モントレー・ポップ・フェスティバルで「ビッグ・ブラザー&ザ・ホールディング・カンパニー」をバックに歌った『サマータイム』などで彼女は一躍注目を浴びます。翌年八月このバンド名で発表したアルバム「チープ・スリル（Cheap Thrills）」に『サマータイム』は収められます。アルバムはヒットチャートで八週連続一位となり一〇〇万枚以上が売れました。

ギターによるバロック調の暗いイントロ。静かに絞り出すようにはじまるヴォーカル。二台のギター音が交錯し、ジャニスの声とともに消え隠れしていく。官能的で刺激的。エアコンのきいた部屋でまったりしている夏に物足りなさを感じたら、いっそのことジャニスを聴いてみたらどうでしょう。

20 鎮魂のヒロシマに寄り添う

ヒロシマ　ジョルジュ・ムスタキ

Hiroshima　*Georges Moustaki*

忘れていた歌をふとしたきっかけで思い出すことがあります。ジョルジュ・ムスタキ（Georges Moustaki）の『「ヒロシマ（Hiroshima）』』。戦後にはじまった「うたごえ」という合唱を楽しむ運動を長年つづけている知人の家で、酒杯を交わしながら一緒にあれこれ歌っているなかで、知人が『ヒロシマ』を歌うのを聴きました。

それは、オリジナルの詞を一種の反戦歌に改変した日本語ヴァージョンでしたが、ギター一本をバックに、久しぶりに耳にした物悲し気なメロディーに、もう何年も聴いていなかったムスタキの魅力が蘇ってきました。

自宅に戻ってから、さっそく昔のムスタキのLPレコードを引っ張り出してみました。淡々と語るように、ムスタキが詩的な言葉（フランス語）を五コーラス繰り返す。とくにサビがあるわけでもありません。

『ヒロシマ』とは、被爆地広島のことです。ヒロシマに起きたこと、その結果生じたこと、それらを見据えたあとで、ムスタキの目は未来に向きます。

各コーラスの最後は、

♪Peut-être viendra-t-elle demain（たぶん、明日、彼女はやってくるだろう）

で終わります。そして、全体の最後に、この「彼女＝elle」の正体が明かされます。それは「La Paix（ラ・ペ）＝平和」のことで、希望が見えるかのように、それまで全体として暗い感じの短調のメロディーは、最後に長調の明るい響きで終わります。この終わり方は、クラシック音楽の世界ではバロック音楽でよく使われたピカルディ終止（ピカルディの三度）といわれ、光が射すように神の救いを暗示しているともいわれます。

ムスタキの詞は、難解な言葉を用いているわけではないのですが、単純に解釈できません。自由を尊び、抑圧を嫌悪するムスタキに反戦の意図があるのはもちろんです。しかし、ヒロシマを題材にしてのメッセージソングにとどまらない詩情があります。

二〇一三年にこの世を去ったムスタキは、語るような歌唱法とエキゾチックな風貌があいまって、ギターを抱えた吟遊詩人などといわれました。一九三四年、ギリシャ系ユダヤ人として、エジプトの地中海沿いの港湾都市アレキサンドリアで生まれ、一七歳でパリに移住します。本の訪問販売、バーテンダーなどさまざまなアルバイトをしながら曲をつくり、そのうち国民的シャンソン歌手、エディット・ピアフとの出会いから、彼女に曲を提供するなどして音楽家としての道を歩みはじめます。

パリに出てから一七年後の一九六八年。学生、市民らによる「五月革命」の余韻のなかで、ムスタキは『Le Métèque（メテック）』という曲をつくり歌うとこれが大ヒットします。日本では『異国の人』というタイトルでレコード化されますが、本来は「よそ者」という意味です。出自のせいで彼自身がフランスに居ながらも、異邦人として放浪する魂をもっていたことの表われでしょうか。

ムスタキの立場や境遇とこうした視点が、吟遊詩人と呼ばれる所以です。日本でもファンは多く、テレビドラマの主題歌にもなった『私の孤独（Ma Solitude）』という歌がよく知られていますが、来日公演では、エキゾチズムのあるシャンソンといった独特のステージで聴衆を魅了しました。国内盤のアルバムもいくつか出され、『ヒロシマ』は日本では七三年のアルバム「ムスタキⅣ」に収録されました。

フランスにいて異邦人のムスタキが、異国の日本のことを思っていたように、同じ七〇年代にアメリカで「ヒロシマ」のことをテーマにした歌がつくられました。

ほとんど知られることがなかった『ホット・オーガスト・モーニング（Hot August Morning）』ということの歌は、カリフォルニアの日系アメリカ人三世たちからなる「ヨコハマ、カリフォルニア」というグループのオリジナルです。

穏やかなフォーク・ロック調で、歌の前に長い語りがあります。カリフォルニアの暑い八月の朝、空を見上げながら、一九四五年八月のヒロシマ、ナガサキの暑い夏に思いを馳せます。

「空を見上げB29を探しても、今日は飛んでこない。ヒロシマの暑い八月の朝。これ以上何が言えるのか?」

彼らはアメリカ人です。が、日本にそのルーツがあり、日本への親しみもあれば同情もあります。アメリカが落とした原爆によって起きたことを、どうとらえたらいいのか。当時の若い日系三世は、複雑な気持ちでした。歌にせずにはいられなかったのかもしれません。

彼らの残したアルバム「Yokohama, California」(MUSIC CAMP ENTERTAINMENT)は、未発表音源を加えて、日本でもCDとして復刻されました。

21　よかったことも悪かったことも

ハレルヤ　ジェフ・バックリィ

Hallelujah　*Jeff Buckley*

なぜかわからないが、切なさがこみあげてくるメロディーというものがあります。歌詞の内容はよくわからなくても、とにかくある種の感情の高まりを感じる。それが『ハレルヤ（Hallelujah）』という歌です。作家でもあるシンガーソングライターのレナード・コーエンが、一九八四年にアルバム「哀しみのダンス（Various Positions）」のなかで発表したこの歌は、宗教的な色彩を帯びた詩的な歌詞と、天上にのぼっていくようなメロディーライン、そして「ハレルヤ」という繰り返しが、余韻として残る神秘的な魅力をもっています。

これまで多くのアーティストによってカヴァーされてきたので、CDやユーチューブなどでいくつものハレルヤを聴いてきましたが、二〇一八年に初めてこの歌を生で聴きました。近年独立問題で揺れたスペインのカタルーニャ出身の歌姫ともいわれるアーティスト、シルビア・ペレス・クルスが初来日のステージで披露したハレルヤです。

ジャズをベースにスペインのフラメンコのカンテ（歌）を想起させる、こぶしのきいた独特のヴォーカルが魅力の彼女もまたこの歌のファンです。ステージでは、バイオリン、チェロなど弦楽器をバックにクラシカルなアレンジによるハレルヤで聴衆を魅了しました。

名曲はいかにビッグなアーティストがカヴァーしようが、たいていはオリジナルを超えられないものです。しかし、この歌はカヴァーしたアーティストそれぞれが自分なりの作品として仕上げていて、その都度「これもなかなかいいな」と思わせます。カットの仕方によって異なった色を放つ価値ある原石のようです。

コーエンという人は、詩の朗読のようにぼそぼそっと歌うところが味わい深いといえばそうなのですが、メロディーラインの美しさは、別の歌手のヴォーカルで再認識されることがよくあります。この点は、ボブ・ディランと似ているかもしれません。

ハレルヤのカヴァーをいくつか挙げると、まずボブ・ディラン。ピアノの弾き語りによるシンガーソングライターのルーファス・ウェインライト。コーエンと同じカナダ出身で歌唱力に定評のあるk.d.ラング。このほか、たまたまユーチューブで見つけたのですが、アイリッシュの女の子と子供たちのコーラスによるヴァージョン（詞を変えてある）はとてもチャーミングです。

きりがないのですが、なんといっても印象に残るのは、ジェフ・バックリィのエレキギターによる弾き語りです。コーエンが発表した当初注目されなかったこの曲を、若い世代を含めてのちに世界中に広めたのはバックリィでした。私もハレルヤに惹かれたのは、若いロックファンからジェフ・バックリィのヴァージョンを教えてもらったのがきっかけでした。

テレキャスターというエレキギターの弦をアルペジオで指でやさしくはじいて歌う。揺らぎや奥行きを出す効果をもつコーラス・エフェクターを通した音は、物憂いスローなイントロからはじまって、一瞬高まりを見せてから静かに歌に入ります。繊細で、高音にいけばいくほど力強く響きます。


ジェフは、フォーク・シンガーのティム・バックリィを父に一九六六年にロサンゼルスで生まれます。父は二八歳で亡くなりますが、ジェフは早くからレッド・ツェッペリンやジミ・ヘンドリックスを聴いてきました。話は横にそれますが、ハードロックのレッド・ツェッペリンには『天国への階段(Stairway To Heaven)』(一九七一年)という名曲があります。エレキギターのアルペジオによる哀感漂うイントロと歌いだしは、ハレルヤの切なさに通じるものを感じます。

ジェフの話に戻れば、彼はプログレッシブ・ロックやジャズにも親しみ、やがてセッション・ギタリストになります。その後ニューヨークへ移りライヴ活動をはじめ、九四年に最初で最後のオリジナルアルバム「グレース(Grace)」をリリース。このなかにハレルヤを収めました。しかし、この三年後ミシシッピー川で溺死。まだ三〇歳でした。

一方、二〇一六年一一月に亡くなったレナード・コーエンは、晩年まで創作活動をつづけ、多くのアルバムと曲を残しましたが、そのなかで『ハレルヤ』がもっとも多くの人の記憶に残っているようです。

「ハレルヤ」という言葉は、ヘブライ語で神を讃える意味をもつそうですが、アメリカでは感動を表現するときなど気軽に使われます。また、コーエンが説明しているように、この歌のなかのハレルヤは、いろいろな意味のハレルヤであり、宗教的なものではなく、情感あふれるハレルヤです。うまくいったことに対してだけでなく、だめになってしまったものに対しても投げかけられるハレルヤだといっているようです。だからこの歌を聴いて、喜びも哀しみも浄化されるような気持になるのでしょう。

22　好きにしていいけれど、最後は……

ラストダンスは私に

Save The Last Dance For Me　*The Drifters*

ドリフターズ

卒業など旅立ちの季節を迎えると、あちこちでさまざまな別れの会が開かれます。そのなかには、夫婦などカップルで出席する場合もあるでしょうが、パーティーでは自分のパートナーといえでも、当然、ほかの友人たちとお酒を酌み交して会話を楽しむことがあります。このとき成り行きとはいえ、あまり彼（彼女）が楽しそうにしていると、ちょっと不安になったり嫉妬に駆られたりするものです。

しかし、そんなことを表に出すのはみっともないし、せっかくの友人たちとの楽しみはじゃましたくない。だけど、最後はぼく（私）のところに……。そんな気持ちを歌にしたのが『ラストダンスは私に』です。

もともとアメリカのコーラスグループ、ドリフターズの曲で、原題は『Save The Last Dance For Me』。一九六〇年に発表されました。日本では、翌年に越路吹雪が日本語で歌ってヒットさせます。訳詞は、越路と二人三脚で『愛の讃歌』など数々のヒットを放った岩谷時子。詞の内容をかいつまんでいうと……

あなたは好きな人と踊ってきて
でも、私がここにいることは忘れないで
最後のダンスだけは私と

オリジナルは男性の視点ですが、日本語ヴァージョンでは、女性の立場の詞になっています。押しつけがましくなく、気持ちを控えめながら健気に表わしています。日本人向けにアレンジされ、日本語の歌として自然に流れるところはさすが名訳詞家です。しかし、英語の歌詞はもっと気持ちをはっきりと伝えています。

「君をじっと見つめる男にしっかりと抱きしめてもらってもいいし、手を握った男に微笑んでもいい。でも、離れていても心はほかの誰かに寄せないでくれ。帰るときになって、送っていくといわれたら、断らなくちゃだめだよ」などと注意しています。

そして最後に「♪So darling, save the last dance for me」（だから、最後のダンスはぼくのためにとっておいてくれ）と頼んでいます。メロディーとしてもこの最後の部分が印象に残ります。

小さな物語のようなこの詞の作者は、アメリカのロックンロールの世界で数多くのヒット作を残したドク・ポーマス（Doc Pomus）。彼の個人的な体験から詞は生まれました。結婚式のとき、ポリオの彼は車いすにすわりながら、妻となる女性がほかの人とダンスをするのを見ていました。その時の光景にインスピレーションを受け、のちに思い出して書き上げたそうです。

これに曲をつけたのは、ポーマスとコンビで活動をつづけたモルト・シューマン（Mort Shuman）。二人の代表曲としてはエルヴィス・プレスリーに提供した『ヴィヴァ・ラスヴェガス』などがあります。ポーマスは、プロデューサーの意向を反映して、ラテンのフレイヴァーをきかした曲をつくろうと心がけ、結果としてこのメロディーができあがりました。

ドリフターズのリード・ヴォーカルは、この歌が出て数ヵ月のちにソロとなり『スタンド・バイ・ミー』を作詞・作曲し、自ら歌ったベン・E・キングです。

『ラスト・ダンスは私に』は、その後多くのアーティストによってカヴァーされ、いまも歌われています。日本では福山雅治もそのひとりです。ブルース・スプリングスティーンは、ライヴで女性と踊りながら歌いました。カントリー・ポップスの実力派歌手、カナダのアン・マレーのヴァージョンは、さわやかさと切なさが溶け合っています。

愛する女性とパーティーに行って、みんなが彼女に注目する。そこで彼女への思いを確信し、惚れ直すといった内容だけをみれば、エリック・クラプトンのバラード『ワンダフル・トゥナイト』（一九七七年）に通じるものがあります。

23 人間の儚さと暴力の非道さ

フラジャイル　スティング

Fragile　Sting

二〇一八年冬の平昌《ピョンチャン》オリンピック開催中、中東シリアではアサド政権の軍隊による反体制派への空爆などで一般市民が多数亡くなり、二月一八日から一〇日間だけでも子供一四七人が犠牲になったという報道がありました。

その後シリア国内では同様の空爆や地上での戦闘が続きました。爆撃の恐怖におののく市民の様子がテレビニュースの映像でも流れ、ある男の子が、被害に遭っている自分たちのことを忘れないでほしいと訴えていました。オリンピックで盛り上がっていたその裏で、傷つけられていく子供の痛ましい姿をやるせない思いで見ていた人も多いのではないでしょうか。

核兵器を頂点にして、人間は恐ろしいほどの暴力装置を作り出してきました。その一方で、生身の人間は、暴力に対してあまりにも脆《もろ》い。

脆いという意味の言葉は、英語では「Fragile（フラジャイル）」といいます。小包を郵便などで送ろうとするとき、中身がガラスなど壊れやすいものについては「コワレモノ」と表に書かれて扱いが注意されますが、英語圏では「Fragile」で通じます。

この言葉が意味するように、「生身の人間は暴力の前には、なんとFragile（脆いもの）なのか」と、歌ったのが今も活躍するロック界のスーパースター、スティングで、その曲名は『Fragile（フラジャイル）』です。戦争やテロといった暴力の非道さを痛感し、怒りとともに人の命の儚さが思い起こされる歌です。

一九五一年イギリス北東部生まれのスティングは、七七年にロンドンで結成された三人組のロックバンド、ポリス（The Police）で、ヴォーカルとベースを担当。八三年に、日本では『見つめていたい』というタイトルでリリースされた『Every Breath You Take』は、世界中でヒットしグラミー賞最優秀楽曲賞を受賞します。

ミュージシャンとして初期にはジャズに傾倒し、ロックのなかにレゲエやタンゴなど多様な音楽要素を取り入れた彼の楽曲は、他ジャンルの音楽ファンも取り込みました。硬質で力強い男性的ヴォーカルの一方で、繊細な言葉遣いと心に残るメロディーラインで聴かせます。

八五年からはソロ活動に移り、翌年のアルバム「ナッシング・ライク・ザ・サン」のなかで『フラジャイル』を発表します。人権問題や環境問題に一貫して強い関心を寄せてきたスティングが、この曲をつくったきっかけは、当時中米ニカラグアで起きた内紛で、親米の民兵組織「コントラ」によって殺害された若きアメリカ人技術者ベン・リンダーの死でした。

「平和部隊（Peace Corps）」というボランティアの一員として、ニカラグアの郡部で水力発電開発に従事し、現地の子供たちのためにも活動していた彼の死は、事件後大きく報じられます。

「現在のような状況下では、『民主的自由のためにたたかう人』とドラッグに手を染めたノンポリのゴロツキ、また、平和部隊のボランティアとマルクス主義革命論者との見分けが、ますますつきにくくなっている」。スティングは、アルバムのライナーのなかでこう語っています。

『フラジャイル』は、〝反戦歌〟とはちがって直接具体的に、歌詞でなにかを批判しているわけではありません。詩的な言葉が、静かな怒りと悲しみを誘うだけです。

「肉体が傷つき、血が流れ、渇き、雨によって消し去られるが、心のなかのものは消し去ることはできない」

スティング自身がガットギターで奏でる、悲し気なイントロのメロディーが、ヴォーカルに入ってもバックでボサノヴァのリズムにのって繰り返されます。そして、

♪On and on the rain will fall …… How fragile we are
（星が涙を流しているように雨が降る　なんと人間はもろいのか）

と、繰り返される。テロだけでなく、国家による一見正当に見える爆撃も暴力に変わりはない。四分足らずの歌のなかには、暴力で命を落としたあらゆる人の魂への慰めの気持ちが込められているようです。

24 おれはいったいどうなるんだろう

ドック・オブ・ザ・ベイ

The Dock Of The Bay *Otis Redding*

オーティス・レディング

会社勤めには転勤はつきもの。世の中多くの人が定期的にどこかで新しい生活をはじめています。そのなかには、思いがけずどこか遠いところへ転勤になったり、不本意なところに赴任したりする人もいるでしょう。

「あー、なんでこんなところに来ちゃったのかな」と、ボーっと海や山を眺めている人もいるかもしれません。

ソウル、R&Bのレジェンド、オーティス・レディング（Otis Redding）が、一九六八年に大ヒットさせた『(Sittin' On) The Dock Of The Bay＝ドック・オブ・ザ・ベイ』は、そんな気分を歌っています。二〇世紀にラジオ、テレビで流された曲のなかで、上位から六番目に多かったという人気の訳は、ソウルファンだけでなく幅広く支持されてきたからです。

不幸にしてレディングは、レコーディングの三日後に飛行機事故で二六歳の生涯を終えます。その悲劇が、歌の孤独感とあいまってリスナーに与えた影響も大きかったようです。

シャウトするわけではなく、ソウルらしい〝こぶし〟がぐっと効いているわけでもない。抑えた歌い方で、自然と哀感が漂ってくるのですが、これが実に歌詞とぴったりあっている。なんともいえない、さびしさです。

さまざまな音楽ファンに「あなたにとって切ない歌とはなんですか」とたずねるなかで、ソウル好きの人があげるのが『ドック・オブ・ザ・ベイ』です。いくつかの意見をまとめれば、その理由は「どうしようもない」、「仕方がない」といった「諦念」が表われているからだといいます。

はじまりは、低く静かです。

♪Sittin' in the mornin' sun　I'll be sittin' when the evenin' comes
Watching the ships roll in　And then I watch 'em roll away again, yeah
〈朝日が昇って夕暮れが訪れるまで、ずっと船が港に入っては遠ざかっていく
ただずっとそんなものを座って眺めている〉

たんたんと情景をつづっています。朝から晩まで、よほどやることがないのか、やる気がないのか。最後までこの雰囲気は一貫しています。

「なにかを求めて長い旅路を経てきたのに、結局なにも見つからない。今までと同じだ。自分はみん

ながいうようにはできない。さびしさはそのままだし、ただ波止場に座って、船を、そして潮の流れを眺めているだけだ。」

まとめてみれば、こんな感じです。そして、エンディングは、心に隙間風が吹くような口笛が流れます。

南部ジョージア州の中央部に位置するメイコンで一九四一年に生まれたレディングは、六二年に『These Arms of Mine』で最初のヒットを手にし、以後『I've Been Loving You Too Long』や『Respect』のヒットなどでスターの座につきます。

六七年の八月、サンフランシスコの北にあるサウサリートのハウスボートで、日常の喧騒から離れてくつろいでいるとき、レディングはこの歌を作りました。これまでにはないしっとりとした作風に仕上がりました。この二ヵ月後に喉の手術をして、しばらく活動を休止していましたが、テネシー州メンフィスでの『ドック・オブ・ザ・ベイ』の録音で再スタートを切ります。

共作したスティーブ・クロッパー（Steve Cropper）によれば、ジョージア出身のレディングが、故郷を離れ遠くへ来てしまったという実体験が歌詞に表われているといいます。

録音は完全な形とはいえないままの状態で、一二月一〇日、レディングはツアーバンドとともにウィスコンシン州に旅立ちます。しかし、飛行機は湖に墜落し彼は帰らぬ人に。そして翌六八年一月八日、この曲がリリースされると大ヒットとなります。本人の死後にリリースされた歌としては、初めてヒットチャートナンバー1を記録します。同様の例としては、ジョン・レノン、ジャニス・ジョプリンなどがいます。

「なにも変わりはしないし　相変わらずひとりぼっちだ」。そんなわびしさを噛みしめるとき、口ずさみたくなる歌です。

25

スペイン的深い哀愁と慰め

アランフェス協奏曲

Concierto de Aranjuez　*Joaquín Rodrigo*

ホアキン・ロドリーゴ

学生時代のある真冬にバックパックを背負ってひとりヨーロッパを旅しているとき、スペインの地中海沿いから鉄道を利用して北上したことがあります。そろそろマドリードだというころ、停まった駅のホームをみると「Aranjuez（アランフェス）」と、プレートに書いてありました。

そのころ、『アランフェス協奏曲』をよく聴いていたので、「これが、あのアランフェスか」と、ただ駅名が書かれたプレートを見入ってしまいました。

『アランフェス協奏曲』は、ギター協奏曲ですが、私が当時聴いていたのは、ジャズ・ギタリスト、ジム・ホールのアルバム「アランフェス協奏曲（原題：CONCIERTO）」のタイトル曲としてカヴァーされたジャズのアランフェスでした。

当時はまだLPレコードの時代で、このアルバムのB面がすべてこの曲で占められていました。もちろん歌が入っているわけではありません。しかし、一九分余にわたる演奏は、哀愁に満ちた歌のようにきこえたものでした。

作曲したのは、スペインの作曲家、ホアキン・ロドリーゴ（一九〇一～九九年）で、一九四〇年にこの曲の初演が披露されました。協奏曲には楽器のソロが入りますが、ギター・ソロを核にしたこの種の曲としてはもっとも有名です。とくに第二楽章アダージョで繰り返されるメロディーは、一度は耳にしたことのある人が多いのではないでしょうか。

オレンジで有名なバレンシア地方出身のロドリーゴは三歳の時に失明しますが、音楽的な才能を開花させ作曲家の道を歩みます。アランフェスをつくったのは、スペイン市民戦争が終わりにさしかかった一九三九年で、ロドリーゴがパリにいるときでした。

アランフェスの地には、スペイン王宮の庭園があり、いまでは世界遺産にもなっています。フラメンコの持つ情熱的なムードが、アランフェスにも感じられますが、第二楽章の旋律はこれに哀感が加わります。

この旋律がなぜ人を惹きつけるのか、音楽評論家でスペイン音楽・文化に詳しい濱田滋郎は、音楽的な分析をもとにこういい表わしています。

「(……第二アダージョの旋律は)二十世紀のクラシック作曲家が生み出した最上の〝ヒット・チューン〟と呼べるだろう。譜面を見ると、おびただしい小ぶしの連続にもかかわらず、あの旋律には一段落するまで一個の臨時記号(途中でつくシャープ、フラット)も現れない。純粋なディアトニック音階、半音なしのドレミファソラシドだけで、二十世紀にもなお独創的な情感を湛えた旋律を生むことが可能であることを、盲目のロドリーゴは世に示した。」(濱田滋郎『スペイン音楽のたのしみ』音楽之友社、一九八二年)

確かにこの旋律をピアノの鍵盤で追ってみれば黒鍵に触れることがない。まさにシンプルにして、深く心に染み入る独創性があります。ジャズの帝王、マイルス・デイヴィスは、一九五九年にこの曲を二、三週間聴いた結果「頭から離れなかった」といいます。そこから翌年アランフェスの第二楽章をカヴァーしたオーケストラとの共演アルバム『スケッチ・オブ・スペイン』が生まれました。ジャズ・ピアニスト、チック・コリアの『スペイン』（一九七二年）もこのアダージョをカヴァーしています。

その三年後ジム・ホールのアランフェスは生まれますが、これはジャズ・ミュージシャンだけによるソフトでクールな聴きやすいジャズです。ドン・セベスキーのアレンジは、この魅力ある旋律とそのコード進行を繰り返します。

ジム・ホール（ギター）をはじめ、ポール・デスモンド（アルト・サックス）、チェット・ベイカー（トランペット）、ローランド・ハナ（ピアノ）といった大御所が、一定のコード進行のなかで順番にそれぞれの楽器の持ち味を活かして、旋律を奏でます。そしてこれを支えるドラム（スティーヴ・ガッド）が、スペインの大地を彷彿させる心地いいリズムを刻みます。

何度繰り返し聴いても飽きることがないというのは、この旋律の魅力というか魔力でしょう。濱田によれば、「第二楽章の深い憂愁のかげには、当時、せっかくの長子を流産してしまった後だった夫人への慰めも込められていたのだと、ロドリーゴはずっと後年になってから告白した」そうです。このことは、ギタリスト村治佳織が新日本フィルハーモニー交響楽団と演奏するアルバム『アランフェス協奏曲』のライナーノートに書かれています。

おわりに

テレビでは、ザ・ピーナッツが司会をした「ザ・ヒットパレード」や、大橋巨泉が司会とＤＪをつとめた「ビートポップス」といった音楽番組がにぎやかで、町には何軒もレコード屋があった時代。このころ少年期を過ごした私の耳には、歌謡曲や欧米のポップスなどいろんな音楽が入ってきました。

当時、洋楽に日本語の歌詞をつけてカヴァーするのがはやっていましたが、このなかに子供ながら「切ない」と感じた曲がありました。ひとつは『夢見るシャンソン人形（Poupée de Cire Poupée de son）』です。フランスの若い歌手、フランス・ギャル（France Gall）の大ヒット曲（一九六五年）のカヴァーで、弘田三枝子が歌っていました。「……♪私はただの人形それでもいつかは……」という最後の何小節かに、なにか切ないものを感じました。もうひとつ、イギリスのアニマルズ（The Animals）がヒットさせた『悲しき願い（Don't Let Me Be Misunderstood）』を歌う尾藤イサオの「♪誰のせいでもありゃしない　みんな俺《オイ》らが悪いのか」というフレーズに、胸がしめつけられる思いがしました。日本の歌では、森山良子の『この広い野原いっぱい』で、最後に「♪だから私に手紙を書いて」と歌いあげるところにジンときたものでした。

歌詞の内容がわからなくても曲調や声で同じ気持ちになったこともあります。当時河出書房新社から出版された「世界の旅」という全二〇巻のシリーズ本を親に頼んで購読させてもらっていたのですが、各巻にその国・地域にちなんだ曲を集めたレコードがついてきました。フランス編のレコードには『パリの空の下（Sous le ciel de Paris）』というシャンソンがありましたが、ハスキーな声の女性が歌う憂いを感じるメロディーに惹かれ、何度もレコード盤に針を落としたのを覚えています。

その後、時代の主流のフォークやロックの奔流のなかで、青春をテーマにしたいくつもの切なげな歌に出合います。さらに興味ある音楽ジャンルは広がっていき、ジャズやブラジル音楽、とくにボサノヴァに惹かれました。小粋な雰囲気のなかの微妙な切なさが気に入ったのでしょう。このほか、ブルース、ソウル、そしてアイルランドの抒情的な旋律と骨太な歌詞に興味をもち、こうしたジャンルを融合したアーティストや作品には特に魅力を感じました。

たとえば、北アイルランド生まれのヴァン・モリソン（Van Morrison）。長年活躍するロック界の大物のなかで唯一来日したのことない彼が、「♪おれは世界の果てで身動きできなくなってしまった」と歌う『ストランディッド（Stranded＝座礁）』（二〇〇五年）を、モントルー（スイス）のジャズフェスティバルで生で聴いたときは、初老にさしかかって自分もこの先どうするかと思っていたところでもあり、「座礁してしまった」という言葉に悲哀の感を禁じえませんでした。

彼と同じく唯一無二のアーティストという点では、故人であるニーナ・シモン（Nina Simone）もおなじです。ジャズ、ブルースを基盤として、クラシックの素養もある彼女は気難しく強烈な個性の持ち主です。激しく畳みかけるようなブルースを得意とする一方で、『That's All I Want From You』（アルバム「ボルチモア」収録）という美しい旋律をピアノで弾きながら、「♪小さな愛はゆっくりと育っていくの」と、語りかけるようでいながら奥に力がこもる歌唱力には打たれました。

年齢とともに伝統音楽やワールドミュージック、そして唱歌のなかにも切なさを見出すことがありました。とくに沖縄の民謡や奄美のしま唄は、歴史や文化・風土を知るにつれより味わいがわかってきます。「私のことを忘れてあなたは行ってしまうのですか」と問いかける『行きゅんにゃ加那』という悲し気なしま唄が思い浮かびます。

振り返れば、心に残る歌は、そのほとんどがなにがしかの「切なさ」を感じるものでした。しかし、人の心を打つ歌の要素はもちろんほかにもあります。「清々しさ」というのもそのひとつではないでしょうか。例えば一九九五年に発表されたTHE BOOMのヒット曲『風になりたい』がそうです。作詞・作曲をてがけたヴォーカルの宮沢和史が「♪天国じゃなくても　楽園じゃなくても……」と、サンバのリズムにのって「あなたと風になりたい」と前向きに声をあげる。とてもさわやかです。

音楽の教科書に載る合唱曲として親しまれているような歌にも清々しさはみられます。「♪あした浜辺をさまよえば……」で始まる『浜辺の歌』（作詞林古渓、作曲成田為三）や岸洋子が歌った『夜明けのうた』（作詞岩谷時子、作曲いずみたく）がその例です。

次に、激しい曲調で心を打つ歌の場合はどうでしょう。ロックの名曲にあるような詞もメロディーも激しい歌、たとえば、ボブ・ディランの初期の名作『ライク・ア・ローリング・ストーン（Like A Rolling Stone）』（一九六五年）です。

「♪どんな気分だい？（How does it feel ?）」というフレーズが印象的な、聴く者の心に刺さるような風刺のきいた言葉が、ギター、オルガン、ハーモニカ、ドラムが混然一体となったサウンドの奔流のなかに放たれます。心の叫びという点では、アイルランドのバンドU2の名曲『終わりなき旅（I Still Haven't Found What I'm Looking For）』も同じでしょう。

日本では、フォーク界の重鎮、井上陽水が「♪毎日　吹雪　吹雪　氷の世界」と、絶叫するように歌った『氷の世界』という初期の大ヒットがこの種の歌です。『ライク・ア・ローリング・ストーン』といい『氷の世界』といい、心を揺さぶられるのは歌い手の「心（魂）の叫び」を感じるからではないでしょうか。切なさでもない、清々しさでもない、これもまた名曲のもつエッセンスです。

激しさの対極をいくラヴバラードの名曲はどう考えたらいいでしょうか。たとえば一九五六年にエルヴィス・プレスリーが発表した『ラヴ・ミー・テンダー（Love Me Tender）』のような歌です。

べたつくだけのラヴソングは、ただ甘いだけの安っぽいケーキみたいになってしまいますが、プレスリーのような歌唱力のある人が美しいメロディーにのせてしっとりと言葉にすると、良質の「甘さ」が引き立ちます。

名曲の名曲たる所以としてのエッセンスは「元気づけてくれる」とか「心が洗われる」など、ほかにもあるでしょう。しかし、多くの人の意見を参考に勝手ながら大別してみると、それはおよそ「切なさ」、「清々しさ」、「魂（心）の叫び」、「甘さ」の四つに分けて括れる気がします。元に戻ればそのなかで「切なさ」は、際立っているのではないでしょうか。

今回、とりあげた歌を考察するにあたっては、詞の世界を中心にしてきましたが、もちろんどの歌にも切なさを感じさせるメロディーラインというものがあります。コード進行という観点から分析すれば、人の心をとらえるヒット曲には「カノン進行」が多いなどとよくいわれます。バロック時代の曲『パッヘルベルのカノン』のコード進行のことです。「切ない歌」についてもあてはまることがあるようですが、それは要素のひとつでしょう。

一瞬にして心に残るようなメロディーラインに共通するものがあるのかどうか、もう少し細かくいうと、切なく聴こえる音のつながり（変化）というものがあるのかどうか。これについては、人が切なく感じたメロディーラインについての膨大なサンプルの中からなにか〝法則〟を見出せるものなのかもしれませんが、私にはわかりません し、こうした疑問についてのまとまった見識にも出合ったことはありません。

さらにいえば、仮にそういうものがあったとしたら、なぜ人はその変化を切なく感じるのかという疑問も出てきます。この点は、西洋音楽でいうところの長調は明るい感じがして、短調は悲しげにきこえるのはなぜなのかという素朴な疑問と同種のものです。

あるメロディーラインをどう感じるかは、民族や地域によっても随分と違うでしょうから、この点を加味すると問題はさらに複雑です。メロディーの面から切ないと感じることについては、どなたか専門家にぜひ考察していただきたいと一音楽ファンとして切に願います。

いま、このあとがきをかきながらキャロル・キングのベスト盤ＣＤをかけていて、

『Will You Love Me Tomorrow ?』のところで聴き入ってしまいました。若い女性の立場から、「♪明日もまだ私のこと愛してくれるかしら?」と、不安まじりに健気にも問いかける姿勢は、なんとも切ないものがあります。

何十年と音楽に親しんできて、大げさにいえば、人生いろいろある中で音楽に救われたり、音楽で気晴らしをしたことは数えきれないほどあります。坂本九が歌った『明日があるさ』といった明るく元気をくれる歌、「♪だけど僕らはくじけない。泣くのは嫌だ笑っちゃおう」というテレビの人形劇『ひょっこりひょうたん島』のテーマソングのように勇気をくれる歌、クラシックの『威風堂々』(作曲エルガー)のように気分を高揚させてくれる曲からは、理屈ぬきで力をもらえます。

これに対して、切ない歌、悲しい歌は、その切なさや悲しさにあえて浸ることで、気持ちが浄化されていき、落ち着きを取り戻すことができます。私自身は、「切ない歌」により惹かれ、どん底にあってもこうした歌を聴き、口ずさんでこられたことにいまあらためて感謝したい気持ちです。これからも自分の好きなこの種の歌を繰り返し聴き、また、まだ知ることのないこの種の名曲に出会うことを楽しみにしています。

今回、一冊の本としてまとめるにあたっては、ウェブ上で書いたコラムなどをもとにしました。また、参考にしたおもな資料については文中や各曲の紹介の終わりに記しました。洋楽については、一部インターネット上のサイト「Song facts」を参考にしました。なお、本文中の敬称は省略させていただきました。

切ない歌については、多くの知人・友人が意見を聞かせてくださいました。とくに三沢憲雄さんと髙山和久さんからは、数々の具体的な助言をいただきました。最後になりましたが、関係するみなさんにこの場を借りてお礼申し上げます。また、そのひとりでもある旬報社の社長、木内洋育さんには今回もまた出版についてお力添えをいただいたことを心より感謝いたします。

二〇二〇年二月二二日

川井龍介

◉著者紹介

川井龍介（かわい・りゅうすけ）

ジャーナリスト、ノンフィクションライター。
1956年神奈川県生まれ。
慶応大学法学部卒業。毎日新聞記者などを経て独立。
徴兵を拒否した日系人のアイデンティティの喪失と苦悩を描いた
アメリカ文学の新訳『ノーノー・ボーイ』、フロリダ州にあった日本人村の
秘史を追った『大和コロニー〜フロリダに「日本」を残した男たち』（旬報社）を
はじめ作者不詳の歌「十九の春」のルーツを探る『「十九の春」を探して』、
『122対0の青春』（講談社）、『伝えるための教科書』、
『社会を生きるための教科書』（岩波ジュニア新書）などの著書がある。
『大和コロニー』は、『Yamato Colony：The Pioneers Who Brought Japan to
Florida』（University Press of Florida）として英語版がアメリカで出版。

切ない歌がききたい

2020年4月10日　初版第1刷発行

著者……………川井龍介
装丁……………坂野公一（welle design）
発行者…………木内洋育
発行所…………株式会社 旬報社
〒162-0041 東京都新宿区早稲田鶴巻町544
TEL 03-5579-8973　FAX 03-5579-8975
ホームページ http://www.junposha.com/
印刷・製本……シナノ印刷株式会社

 ISBN978-4-8451-1631-7